ANALECTA GORGIANA

Volume 9

General Editor

George Anton Kiraz

Analecta Gorgiana is a collection of long essays and short monographs which are consistently cited by modern scholars but previously difficult to find because of their original appearance in obscure publications. Now conveniently published, these essays are not only vital for our understanding of the history of research and ideas, but are also indispensable tools for the continuation and development of on-going research. Carefully selected by a team of scholars based on their relevance to modern scholarship, these essays can now be fully utilized by scholars and proudly owned by libraries.

Le Testament de Saint Éphrem

Le Testament de Saint Éphrem

M. RUBENS DUVAL

GORGIAS PRESS
2006

BR
65
.E 633
T47
2006

ISBN 1-59333-486-9

GORGIAS PRESS
46 Orris Ave., Piscataway, NJ 08854 USA
www.gorgiaspress.com

The paper used in this publication meets the minimum requirements of the
American National Standards.

Printed in the United States of America

LE
TESTAMENT DE SAINT ÉPHREM.

INTRODUCTION.

I. On a déjà beaucoup écrit sur le *Testament de saint Éphrem* pour en défendre ou en contester l'authenticité; mais une étude critique en reste encore à faire. Nous nous proposons de rechercher ici dans quelle mesure ce document peut être attribué à l'illustre Père de l'Église syrienne.

D'une lecture, même superficielle, il ressort avec évidence que le *Testament* se compose de plusieurs morceaux disparates, à peine reliés entre eux. Cette constatation a déterminé quelques auteurs à le rejeter en bloc comme apocryphe, tandis que ses défenseurs étaient obligés d'admettre des interpolations.

Celles de ces interpolations qui sont reproduites dans la version grecque du texte syriaque doivent être anciennes, car les œuvres de saint Éphrem ont été traduites en grec peu de temps après la mort de leur auteur. Nous ne connaissons, il est vrai, cette version que par l'édition publiée par Twaites en 1709 d'après des manuscrits d'Oxford et réimprimée par Joseph Simon Assémani dans *Sancti Ephraem syri opera*, *tom. sec. græce et latine*. p. 230.

J. As. Extr. n° 9 de 1901.

Mais il est peu vraisemblable qu'il ait été fait plusieurs versions grecques du *Testament* et, comme le
remarque M. Lamy [1] : « En comparant la traduction
latine faite par Vossius sur les manuscrits grecs de
Rome et de Crypto-Ferrata avec le texte grec édité
à Oxford et reproduit à Rome, on voit que les manuscrits grecs diffèrent peu entre eux et reproduisent
une même version [2] ».

Les manuscrits du texte syriaque qui sont con-
servés en Europe sont de beaucoup postérieurs à
saint Éphrem ; le plus ancien ne remonte pas au
delà du viie ou du viiie siècle. Ils ont été utilisés pour
les éditions qui ont été publiées, de la manière suivante :

La première édition, faite par Assémani dans
l'ouvrage cité ci-dessus (*tom. sec. græce et latine,*
p. 395), reproduit le texte d'un manuscrit du Vatican, qui a été écrit vers 1100 dans le couvent syrien du désert de Nitrie en Égypte. Plus loin, p. 433,
Assémani a donné les variantes d'un manuscrit de la
Propagande qui est incomplet et ne comprend que
la première partie du *Testament*.

---

[1] *Le Testament de saint Éphrem le syrien,* Fribourg (Suisse),
1898, dans le *Compte rendu du IVe Congrès scientifique des Catho-
liques,* p. 2 du tirage à part.

[2] Il existe à la Bibliothèque nationale deux manuscrits de la version grecque : n° 238, fonds Coislin, fol. 168; et n° 597, fonds
grec, fol. 241 v°. Tous deux sont conformes au texte grec d'Assémani. Ils contiennent le cantique des Disciples et l'histoire de Lamprotaté, mais ils n'ont ni l'histoire de Moïse et des Magiciens, ni
l'anecdote de la Vigne.

La seconde édition a été publiée par Overbeck
dans *S. Ephraemi syri.....opera selecta*, p. 137,
d'après trois autres manuscrits du couvent de Nitrie, qui n'étaient pas connus avant leur entrée au
British Museum, où ils portent les cotes : Add.
14582 ; Add. 14624 ; et Add. 14666. Le ms. Add.
14624, du ixᵉ siècle, selon Wright, est le plus com-
plet des trois. Le ms. Add. 14582, daté de l'an 812,
ne contient pas l'histoire de Moïse et des Magiciens,
ni l'épisode de Lamprotaté. Le ms. Add. 14666,
du viiᵉ ou viiiᵉ siècle, est incomplet ; il manque toute
la première partie jusqu'à l'histoire de Moïse et des
Magiciens. L'édition d'Overbeck est très inférieure à
celle d'Assémani ; elle reproduit le texte du ms. Add.
14624 qui est rempli de fautes et de lacunes ; sou-
vent le vers est boiteux et la ligne métrique est in-
complète. Overbeck a comblé les principales lacunes
à l'aide des autres manuscrits du British Museum et
de l'édition d'Assémani. La seule utilité de cette seconde édition est de faire connaître les variantes des
manuscrits du British Museum.

Une troisième édition paraîtra prochainement dans
un recueil de documents syriaques que M. le P. Bedjan a réunis sous le titre de *Liber Superiorum...*
Cette édition donne le texte du ms. 69 (*Sachau, 72*)
de la Bibliothèque royale de Berlin, qui renferme
une collection de différents morceaux faite par un
certain Ṣlîbhâ et vieille peut-être de deux ou trois
siècles ; voir *Verzeichniss der syr. Handschriften von
Ed. Sachau, erste Abtheilung*, p. 268, § vi. Il manque

au commencement le titre et les trois premiers vers,
et, dans la dernière partie, un feuillet qui comprenait la fin de l'hymne sur la Vigne, et le commencement de l'épisode de Lamprotaté. M. Bedjan a
comblé ces lacunes au moyen d'un manuscrit qu'il
a fait venir de Mossoul. Le texte de son édition diffère beaucoup de celui des deux premières éditions,
mais il n'en modifie pas la teneur générale. Il n'a
pas l'histoire de Moïse et des Magiciens, ni quelques
autres parties précédant cette histoire. M. Bedjan a
eu l'amabilité de me communiquer le manuscrit de
Mossoul, qui a été écrit en 1895, et de m'envoyer
en même temps les épreuves de son édition du manuscrit de Berlin, ce qui m'a permis de donner les
variantes de ces deux manuscrits.

II. C'est du fond même du *Testament* qu'on tirera, à notre avis, les meilleurs arguments en faveur
de son authenticité. Éphrem, si haut placé dans
l'estime du monde chrétien, autant par sa vie exemplaire que par son activité intellectuelle, a seul pu
écrire une confession empreinte d'une humilité aussi
exagérée. Relisons ces phrases prises entre beaucoup
d'autres semblables :

Malheur à toi, Éphrem, à cause du jugement, quand tu
paraîtras devant le tribunal du Fils et que tes connaissances
t'entoureront à droite et à gauche! Là sera ta honte, malheur à celui qui sera confondu là ! (Strophe I de la traduction ci-après.)

Si l'on vous montrait mes fautes, tous vous me cracheriez

à la face..... Je suis souillé d'iniquités et de fautes ; je suis couvert de la boue du péché. (Strophe vii.)

Quand je me souviens de mes actes, mes genoux tremblent et mes dents grincent. Quand je me rappelle ce que j'ai fait, le frisson me saisit, car je n'ai fait absolument rien de bon pendant ma vie. Aucune bonne œuvre n'a été faite par moi dès le jour que mes parents m'ont enfanté. (Strophe x.)

Un autre qu'Éphrem a-t-il pu exprimer de pareilles pensées?

D'autres arguments, moins importants à nos yeux, ont cependant par leur ensemble un poids égal. On se demandera quel but aurait poursuivi un faussaire en traitant d'un pareil sujet. De la part d'Éphrem, le *Testament* s'explique naturellement. Le maître vénéré s'est proposé un double objet en mettant par écrit ses dernières volontés : recommander à ses disciples et à ses amis de lui faire les funérailles les plus simples, conformes à sa vie passée dans l'humilité et l'abnégation ; et les engager à demeurer fermes dans la foi qu'il a prêchée, en évitant de tomber dans les erreurs des hérétiques ou dans l'apostasie des faibles qui tremblent devant les persécuteurs.

Au point de vue littéraire, cette œuvre rentre bien, quoi qu'on en ait dit, dans le genre d'Éphrem, dont elle rappelle le style sans chaleur et le goût des répétitions et des développements de la même idée.

Saint Grégoire de Nysse, dans son panégyrique de saint Éphrem, qui n'était son aîné que de quelques années, témoigne qu'il connaissait déjà le *Tes-*

tament [1]. La tradition qui attribue cette œuvre au Père de l'Église syrienne, est donc aussi ancienne que possible.

A l'appui de cette tradition, nous ajouterons ici le texte du verset d'Osée, x, 11, qui est cité en ces termes dans le *Testament* (strophe II) :

Éphrem est comme une génisse dont l'épaule a secoué le joug.

Ce texte diffère de la Peschitto actuelle qui, conformément à l'hébreu, dit : « Éphrem est une génisse instruite qui aime à fouler (le grain sur l'aire). » L'ancienne Peschitto suivait, pour l'exégèse biblique, la tradition targoumique. Or le targoum prend l'hébreu ‏דוש‎ « fouler » au sens figuré de « fouler aux pieds, se rebeller ». En effet le targoum paraphrase de cette manière (éd. de Lagarde) : « La communauté d'Israël ressemble à une génisse que l'on dresse à labourer, mais elle ne s'y habitue pas; elle aime à marcher à sa fantaisie. » Les Septante ont également admis cette interprétation : Ἐφραῒμ δάμαλις δεδιδαγμένη. ἀγαπᾶν νεῖκος « Éphraïm est une génisse instruite à aimer la rebellion. » La Peschitto actuelle donne donc une leçon corrigée qui n'existait pas encore du temps de S. Éphrem.

III. Si le *Testament* est réellement sorti de la

---

[1] Voir sur ce sujet M. Lamy, *Le Testament de saint Éphrem le Syrien*, cité plus haut, p. 29 du tirage à part. Il ne résulte pas des passages rapportés par M. Lamy que Grégoire de Nysse avait déjà sous les yeux la version grecque du *Testament* telle qu'elle nous est parvenue.

plume de S. Éphrem, ce n'est pas à dire qu'il nous soit parvenu dans sa forme primitive. Les interpolations qu'il a subies sont le fait d'un reviseur qui ne s'est pas contenté d'insérer à tel ou tel endroit des passages qu'il tirait probablement des œuvres (authentiques ou non) de S. Éphrem, mais qui a dû modifier ou commenter le texte qu'il avait sous les yeux en suivant ses propres impressions. Ces modifications ont, du reste, été encore aggravées par les variantes que les copistes postérieurs ont introduites. Il est regrettable que la version grecque ne soit pas littérale et qu'elle nous offre autant une paraphrase qu'une traduction; le commentaire y recouvre le fond au point de rendre parfois méconnaissable la phrase syriaque. C'est d'autant plus regrettable que, comme nous l'avons déjà rappelé, cette version doit être ancienne; mais il est évident, d'un autre côté, que le traducteur avait entre les mains, non pas le texte original, mais le document revisé et surchargé des interpolations qu'il renferme.

Dans ces conditions, les recherches ayant pour but de séparer le bon grain de l'ivraie deviennent difficiles, mais elles acquièrent de l'attrait et elles seront fructueuses si l'on se met en garde contre l'arbitraire.

Pour ces recherches, nous avions songé à utiliser l'édition d'Assémani et la traduction française de M. Lamy, auxquelles ils nous aurait suffi de renvoyer le lecteur. Mais nous avons bientôt reconnu que ce procédé était insuffisant pour nous orienter

et pour orienter les autres. Nous nous sommes donc
décidé à réimprimer le texte avec une traduction
française.

Pour la constitution du texte nous avons, en général, suivi l'édition d'Assémani et le texte du manuscrit
du Vatican, et nous avons donné les variantes des
autres manuscrits. Cependant nous avons introduit
dans le texte les variantes qui paraissaient préférables
ou qui se trouvaient dans plusieurs manuscrits. Il
nous a paru peu utile de traduire les variantes laissées
hors texte.

IV. Le *Testament* est écrit en vers de sept syllabes
réunis deux par deux dans une ligne métrique qui
forme une phrase. Éphrem affectionnait ce vers
dont il s'est servi pour ses homélies métriques et
un certain nombre de ses hymnes. Les hymnes se
composaient de strophes terminées par un refrain
et appartenaient au genre lyrique, à l'inverse des
homélies qui représentaient le genre épique et
n'étaient pas susceptibles de la division strophique.
Le *Testament,* en fait, est un cantique et il rentre
dans le genre lyrique. Il se divise aisément en strophes
d'inégale étendue, suivies d'un refrain de quatre
vers ou deux lignes métriques. Ce fait, qui n'a pas
encore été reconnu, a son importance, car il con-
tribue dans une large mesure à distinguer les parties
interpolées de ce document.

Le manuscrit du Vatican désigne le *Testament*
comme une homélie, et Assémani divisa son texte en

paragraphes, composés généralement de quatre vers,
comme c'est le cas dans ce genre de compositions.
Mais, dès le commencement, cette coupe apparaît
arbitraire et contraire à l'ordre des phrases :

Ego Ephrem morior, et Testamentum scribo, ut uni-
cuique monumentnm relinquam ex iis, quæ possideo.
Ut saltem propter verba mea, mei memoriam faciant qui
me cognoscunt. Hei mihi, quoniam dies mei consummati
sunt, et spatium annorum meorum evanuit.
Abbreviatum est stamen....................... ...

Le manuscrit de Berlin intitulait aussi ce poème
une homélie, à en juger par la clausule de la fin ; le
texte, du reste, y est divisé en paragraphes de quatre
vers. Le manuscrit de Mossoul a aussi en tête : *Homélie de saint Éphrem.*

M. Lamy admet également que les vers suivent
le parallélisme et marchent quatre par quatre, mais
sa traduction est continue et ne distingue que le vers
seul.

En dehors des strophes et des refrains, la division
admissible est la ligne métrique composée de deux
vers. Nous aurions voulu marquer cette division par
un blanc à la fin de chaque ligne, mais cette mé-
thode aurait occasionné trop de rejets. Pour éviter
cet inconvénient, nous avons mis les lignes métriques
bout à bout en les séparant par un point et un trait.

La traduction reproduit en caractères romains
les parties qui forment le fond du *Testament.* Les caractères italiques indiquent, au contraire, les interpolations évidentes ou possibles.

---

[1] D ܡܐܗܪܐ ܕܡܣܝܐ ܡܢ ܪܝ, ܐܦܪܝܡ ܒܐܗ ܠܛܠܚ
G ܡܐܗܪܐ ܕܡܣܝܐ ܕܡܢ ܪܝ, ܐܦܪܝܡ ܡܩ ܟܣܬܐ ܟܠܕܝ G
ܒܪ ܒܡܩܬܗ. Nous ne notons pas les différentes écritures
des mss : ܕܕܝܠܝܬܐ, ܕܐܟܬܗܝܘܬ; ܐܬܝܪ ܐܝܟ ܐܝܟ et
ܐܬܝܪܐ, etc. Pour la désignation des mss, nous adoptons les
sigles indiqués par Overbeck, *S. Ephraemi syri... Opera selecta,*
index, p. xxxvi : A = éd. Assémani d'après le ms. du Vatican;
B = British Museum, Add. 14582; C = British Mus., Add. 14624;
D = ms. de la Propagande; E = British Mus., Add. 14666. Nous
ajoutons : F = ms. de Berlin; G = ms. de Mossoul. — [2] G
ܟܠܚ. — [3] FG ܕܡܣܚ. — [4] FG ܗܒܕܝ. — [5] D ܘܡܣܝܚ
ܘܟܐܘܟ ܗܘܘ ܘܟܐܘܟܘ; FG ܒܣܝ ܘܟܐܕ ܐܘܟܠܛ. — [6] FG
ܡܩܛܠܐ. — [7] D ܘܗܘ ܟܪܝܚ ܒܟܢܝ ܩܒܘܣ
ܘܠܛܩܘܠ ܕܒܨܐܨܐ; FG ܩܒܘܣ ܠܗ ܐܝܢܝ
ܒܟܝܪܗ ܘܡܩ ܒܘܝ ܟܠ ܩܘܡ ܟܕܐܗ. — [8] FG

II. ܟܕ ܣܚܒܚܠ ܡ̇ܢ ܣ̇ܚܡܕܟܐ: ܟܐܦ ܒܠܩ̇ܠ ᚛܂᚜ ܡܢ
---

[1] D ܣܘܕ̈ܗܘܐ; FG ܠܚܦܢܝܟܐ. — [2] D ܚܘܒ̇ܠܘ
ܠܘ ܘܡܚܒܘܬ ܒܠܗ ܘܐܟܠܝ ܠܘ: ܐܝܟ ܠܚܢܝܟ ܐܝܢ; FG comme
D, mais ܘܒܠܚܢܝܗ au lieu de ܘܒܚ̈ܚܚܒܗ, et à la fin : ܘܐܟ̄
ܘܢܚܕܝܢܝ ܘܢܢ ܠܒܠ ܐܚܢܝ̈ܟ. — [3] BFG ܟ̇ܚܡ. — [4] FG
ܡܚ̈ܚܢܝܟ ܗܘ، ܘܘ، ܓܝܢ ܕܟ ܗ̄ܪ ܘܡܣܚܠܓܝܗܠ; D ܘܗ، ; A ܐܝܟܐܠ
ܘܡܚܘܬ ܒܚ̈ܢܝ ܗܠܐ ܕܟ ܕܟ ܘܡܣܚܠܓܝܠܐ; FG ܟܐܬܘܣܚܝܬܐ. —
[6] FG ܣ̇ܚܒܡ. — [7] A ܐܘܟܐܬܗܬܐܠ. — [8] FG ܟܐܣܦ̈ܝܐ. —
[9] D ajoute : ܗ̄، ܠܘ ܟܐܢܙ̈ ܘܣܗ، ܠܚ̈ܚܒܝ، ܐܝܟܠܠ̈ܝ؛ ܘܚܘ̈ܪ
ܘܚܢ̈ܝܟܐܠܝ ܟܪ̇ ܢܚܚܒܣܕܐ؛ FG de même, mais ܐܝܠܠܬ

---

[1] D ܘܐܦܨܝܡ ܠܡ ܣܘܐ ܬܠܚ ܐܟܘ̈ܬ, ܘܐܠܐ
ܒܚܡܐ; B ܢܩܦ; FG ܢܩܦ au lieu de ܢܩܦ. — [2] BFG
ܠܡ. — [3] FG ܕܒܡܐܬ. — [4] D ajoute : ܘܐܬܦܪܫܝ ܬܗܒ
[5] DFG ܕܠܐ ܐܦܨܝܡ. — [6] FG ܕܪ ܘܪܐ ܣܒܡ ܗܘܐ
ܒܚܣܝ: ܠܐ ܒܨܝ ܐܠܐ ܟܝܠ ܐܦܨܝܡ; C ܒܨܝ au lieu
de ܒܨܝ; AC ajoutent le vers : ܠܐ ܐܟ ܕܠ ܕ ܠܐ
ܠܐܬܘܪܝ qui ne rentre pas dans la ligne métrique et ne se
trouve pas dans le grec. Dans D on lit : ܠܐ ܒܨܝ ܐܦܨܝܡ
ܒܚ. — [7] A
ܕܪܚ̈ܕ; ܠܡ manque; D a : ܠܘ ܡܩܚܦܚ ܠܠܠ ܗܘܐ ܕܪ
ܕܪܝܐ ܗܘ ܣܚܝܟܨܡ ܗܐܦܨܝܐ. — [8] DFG ܙܢܝ ܐܝܟܪ.
— [9] C ܘܐܠܬܐ ܗܘܐܠ ܒܢ ܥܪ; D ܘܐܠܬܐ ܗܘܐ ܪ
ܥܪ; FG ܘܐܠܬܐ ܗܘ ܒܢ ܥܪܕ ܠܗܘܐܠ. — [10] FG
ܕܐܬܪܝܐ; D ܥܪ ܟܨ ܐܟܪ au lieu de ܥܪ ܐܟܪ. — [11] D
cette ligne manque; A a : ܘܗܝܣܘܡ̈ ܬܗܒܕܗ̈ ܥܪܝܪ ܠܘ,

ـ ܘܗ ـ ܠܚܡܕܒ ܠܝܒܚܠ ܠܝܢܘܝܟܚܕ : ܘܝܣ̈ܘܩܐܕ ܠ̣ܠ ܕ̈ܡ ܝܗ̇ ܕܚܙ̈ܐܟܕ
ܘܠ ܐܝܟܐ '.:.

ܠܟ ܗܕܚܫ ܟܠܬ̈ܚܠܐ ; ܕܬ̈ܚܠܬܐܕ : ܘܠܐ ܟܣܝܐ ܘ̈ܡܗܕ , ܕܠܒܚܡ
ܕܐܦ̈ܐܕ ـ . ܐܘ̈ܐܚ ܘܡܠܩ ܠܝܗ̇ ܠ̈ܘܐ ; ܐܡܝܨ̈ܐܐ : ܕ̈ܡܚܠ
ܘܝܡܚ ܠܟܐ ܢܝܘܙ² .:.

III. ܗ̇ܢܚܠܝܗ ܕܠܬܚ ܐܟܣܘ ܘܐܟܣܚܡܘ ܟܣ̈ܘܡܝܟ³ : ܘܠܐ ܕܚ̈ܡܣܒܚ̈ܝ
: ܟ̈ܒܚܚܝ — ܘܟܣܐ ܐܡܚܠ ܠܚܕܘ ܗܡ̈ ⁴ ܢܒ̈ܚ ܕ . ܟܐܝܟ ܐܡ̈ܘܠܐܝ̈ܟ —
ܘܝ̈ܚܣ̈ܘܚܗ ܟ̈ܚܠ ܡܝܝ̈ܩ ܘܟܚܠ ܐܝܟ ܟܠܚ ـ . ܘ̈ܩ ـ ܘܚ̈ܡ̈ܕܘ ܝܠܩ̈ܣܚܕ̈ܘܡ : ܗ̇ܕ ܝܢܣܬ ܟܠܚܠ
ܟܝܐܠ ܕܢ ܘܕ̈ܩܥ ܠܟܣ̈ ܠ̈ܝܢܣ ܕ : ܠ̈ܘܐ ܟ̈ܠ ܝܪܝܢ ܚ̈ܠ ܕܝܢ̈ܚܡ
ܐܝ̈ܣ ܕܢ ܗ̈ܕܡ ܕ . ܘܡ̈ܗܘ ܕ̈ܝܢܚ ـ . ܚ̈ܡ ܚܕ̈ܝ ܟ̈ܐ̈ܩܚ ܕܕ ܩܠ̈ܚܠ :
ܗ̈ܐܝܪ ܝܪ̈ܗ ܡ̈ܘܗ ܕܚ̈ܡܩ̈ܒ ܟ̈ܚܠ ܝ̈ܢܚ̈ܕܒ ـ . ܟ̈ܢܝܝ ܐ̈ܝܟ̈ܘܐ

ܕ̈ܠ̈ܩ̈ܝܬܠ ܘܕ̈ܕ̈ܠ̈ܚ ܝܪ̈ܟܝܠ ܝܟ̈ܗ ܟ̈ܦܗܕ . ܐ̈ܚܘ̈ܬܚܕܡܘ ܟ̈ܠ̈ܘܝܗ̈ܚ
ܡ̈ܕܐܣܘ ܘ̈ܚܚ̈ܘܝܘܒ ܟ̈ܚ̈ܢܝܝ̈ܚ̈ܕ̈ܣܚܪ ـ ܠ̈ܘ̈ܚ̈ܒ ; FG ܘ̈ܝ̈ܝܚ̈ܘ̈ܐܝܚ̈ܝܪ̈ܒܕ̈ܚ̈ܙ̈ܚ̈ܝ̈ܕ
ܟ̈ܐ̈ܝ̈ܠ̈ܩ̈ܛ̈ܠ̈ܘ̈ܚ̈ܒ̈ܣ̈ܘ̈ܚ̈ܝ̈ܕܟ̈ܐ̈ܕܙ̈ܚ̈ܡܕ̈.

¹ A ajoute : ܡܝ̈ܬܠ̈ܕ̈ܬ̈ܐܕ ܠ̈ܝ̈ܗ̈ܕ ܠ̈ܘ ܟ̈ܝ̈ܐ̈ ܟ̈ܝ̈ܐܕ ܚ̈ܬ̈ܠ̈ܒ̈ܚ̈ܘ̈ܩ̈
ܝ̈ܕ̈ܗ̈ܙ̈ܝ̈ܝ̈ܘ̈ܣ̈ܕ̈ ܟ̈ܝ̈ܟ̈ ܣ̈ܟ̈ܦ̈ܐ ; C ajoute : (l. ܚ̈ܚ̈ܝ̈ܚܕ) ܚ̈ܝ̈ܬ̈ܚ̈ܡ
ܟ̈ܝ̈ܟ̈ ܣ̈ܟ̈ܦ̈ ܟ̈ܠܕ̈ ܝܗ̇ ܠ̈ܝܗ̇ ; FG ܟ̈ܝ̈ܟ̈ ܚ̈ܠ̈ܚ̈ܝ̈ܕ̈ ܚ̈ܬ̈ܡ̈ܘ̈ܩ̈ܚ̈ܘ
ܟ̈ܝ̈ܟ̈ ܟ̈ܡ̈ܘ̈ܩ̈ ܟ̈ܠܕ̈ ܝܗ̇ ܠ̈ܝܗ̇ ܚ̈ܝ̈ܬ̈ܚ̈ : ܠ̈ܘ̈ܟ̈ܐܕ̈ . — ² FG
ܚ̈ܣ̈ܚ̈ܝ̈ܡ̈ ܠ̈ܟ̈ ܝܗ̇ ܘܝܡܚ ܚ̈ܘܝܣ̈ܒ . — ³ A ܟ̈ܝ̈ܣ̈ܝ̈ܪ̈ܟ̈ ܘ̈ܝ̈ܣ̈ܚ̈ ;
D ܟ̈ܝ̈ܣ̈ܚ̈ܝ̈ܕ̈ ܟ̈ܣ̈ܘ ; FG ܟ̈ܣ̈ܘ̈ܚ̈ܕ̈ܘ̈ ܟ̈ܣ̈ܘ ܠ̈ܘ ܚ̈ܠ̈ܩ̈ܝ̈ܕ . —
¹ FG ܘ̈ܚ̈ܠ̈ܚ̈ܠ̈ . — ⁵ FG ܝ̈ܪ̈ܝ̈ܢ̈ ܘ̈ܝ̈ܣ̈ܘ̈ܚ̈ ܩ̈ܕ̈ܝ̈ܠ̈ܩ̈ܣ̈ܚ̈ܕ̈ܘ̈ܡ
ܘ̈ܩ̈ . — ⁶ FG ܟ̈ܝ̈ܟ̈ܐ̈ ܟ̈ܚ̈ܡ̈ܕ̈ܚ̈ܕ̈ܩ̈ ; AC ajoutent devant
ܟ̈ܝ̈ܟ̈ܐ̈ : ܟ̈ܝ̈ܪ̈ܟ̈ܐ̈ܣ̈ܪ̈ܕ̈ ܟ̈ܐ̈ܡ̈ܘ̈ܠ̈ܚ̈ܠ̈ܕ̈ ; mots qui ne se trouvent
pas ailleurs et qui sont en dehors de la ligne métrique. — ⁷ FG
ajoutent ܩ̈ܝ̈ܚ̈ܕ̈ܒ̈ et omettent ܕ̈ܝ̈ ܢ̈ qui suit.

ܕܥܠܡܐ ܕܢܘܚܐ: ܠܕܡܟܐ ܕܒܪܐܠ ܠܦܘܪܥܢܐ[1]. —
ܐܠܐ ܢܦܩ[2] ܢܦܫ ܒܗ: ܒܪܗ ܕܒܢܐ[3] ܦܩܕ ܠܗ ܀
ܢܘܚܡܐ ܠܐܢܫ ܠܐ ܫܦܝܪܐ: ܘܐܦ ܫܦܝܪܐ ܠܡܫܠܡܐ
ܫܦܝܪܐ. — ܡܫܠܡܐ ܬܘܒ ܠܐܢܫ ܠܐ ܪܢܝܡ: ܘܐܦ
ܪܢܝܡ ܠܡܫܠܡܐ ܚܒܪܗ[4] ܀

IV. ܠܐ ܕܢܦܠ ܥܠ ܓܘܪ ܫܡܫ: ܘܠܐ ܕܥܠܠ ܥܠ
ܓܪܒܐ. — ܘܠܐ ܗܘ ܦܘܡܐ ܕܐܡܪ ܐܝܠ[5]: ܘܪ̈ܓܬ[6]
ܒܥܠܝܬܐ ܕܒܬ̈ܘܠܬܐ. — ܠܐ ܕܐܘܕܝܢ ܒܫܡܘܕܐ:
ܘܠܐ ܕܐܬܦܠܓ ܒܐܘܪܫܠܡ[7]. — ܠܐ ܚܠܐ ܠܐ ܕܥܠܒ
ܦܟܐ: ܘܠܐ ܢܚܘܐ ܕܦܬܠ ܪܘܡܐ[8]. — ܘܠܐ ܫܢ̈ܗܘܐ
ܬܠܬܐ ܕܢܘܪܐ: ܘܠܐ ܚܕ ܪܒܪܐ ܘܡܒܝܢܐ[9]. — ܠܐ
ܐܬܦܠܓܬ ܥܠ ܒܕܬܐ: ܘܠܐ ܥܠ ܚܠܝܗ
ܕܐܠܗܐ. — ܐܢ ܐܘܪܒܬ ܠܐܒܐ ܒܪܒܥܝܢ:
ܫܢܝ ܕܝܢ ܒܪܗ ܠܐ ܢܣܘܒܝܢ[10]. — ܘܐܢ ܟܬܪܬ

---

[1] DFG ܠܕܡܟܐ ܕܦܘܪܫ ܟܘܪܐ; C ܠܕܡܟܐ au lieu de ܠܕܡܟܐ. — [2] DFG ܩܐܡ au lieu de ܢܦܩ. — [3] C ܒܪܐ ܒܢܐ; FG ܒܪܗ ܐܬܐ. — [4] A ܪܢܝܡ au lieu de ܚܒܪܗ. — [5] DFG ܠܐ ܦܘܡܐ ܕܐܡܪ ܐܝܠ ܐܝܠ. — [6] A ܘܪ̈ܓܬܗ; CFG ܘܪ̈ܓܬ. — [7] F ܠܐ ܗܘ ܕܒܣܒܝܢܗ ܚܡܘܕܐ ܘܐܬܦܠܓ ܒܗ ܐܘܪܫܠܡ. — [8] D manque ܘܠܐ ܢܚܘܐ ܕܦܬܠ ܪܘܡܐ. — [9] D ܘܠܐ ܚܕ ܚܠܝܐ ܕܐܠܗܐ: ܠܐ ܡܘܬܒܐ ܬܠܬܐ ܕܢܘܪܐ: ܘܠܐ ܚܕ ܪܒܪܐ ܘܚܠܝܐ; F ܘܠܐ ܚܕ ܚܠܝܐ ܘܡܒܝܢܐ. ܬܠܬܐ ܡܘܬܒܐ ܫܒܝܚܐ: ܕܒܢܝܐ ܐܠܗܝܐ. — [10] D ܠܐ ܢܣܒܝܢ.

ܠܐܘܢ ܗܘܡܩ ܐܘܢܝ : ܡܟ ܟܐܠܐ ܒܥܒܕܘ ܚܬܢܘ.¹ ـ

ܐܟ ܠܟ ܐܟܝ ܕܐܟܝܘܬܐ ܐܟܝܘܪ : ܠܫܘܐܩܐ ـ

ܘܩܐ ـ².ܐܘܕܐ ܐܟܝ ܘܟܐ ܐܟܝܘܟܐ ܘܐܟܝܘܡܐܗܟ :

ܚܡ ܟܥܬܘ ܐܟܘܕܐ ܐܟܘܕܐ ـ³.ܐܟܘܡܟ ܘܟܐ ـ ܝܐܟܪܣܟ

ܗܠܝ ܐܘܗܠ⁴ : ܠܟ ܝܚܝܝ⁵ ܘܚܕ ܚܒܠ ܕܐܟܝ.

ܠܟ ܚܬܡܚܘ ܐܠܝ ܘܐܚܬܘܐ.؛ ܗܠܟ ܐܠܘ ܕܐܚ ܘܐܠܗܡ

ـ ܠܟ ܐܟ ܗܘܡ ܐܠ ܐܟܘܪܝ ܚܡܪ ܐܘܡܐ⁶:

ܘܠܟ ܐܟ ܚܝܟܒܥ ܐܟܘ ܐܟܝܕܘܟܐ ـ.ܐܟܝܒܪܘܬ ܘܠ ـ

ܠܚܢ⁷ ܐܟܝܕܐ : ܐܠܗ ܐܟܝܕܐ؛ ܐܠܗ ܗܡܘ ܐܟ ܐܟܝܘܟ ـ

V. ܗܕ ܗܘܡ ܕܘ ܐܥܠܟܐ ܐܟܝܕ : ܘܐܟܝܘܘܐܟܘܘ ܐܟܝܕܐ ܐܟܝܐ

ܗܘܘܡܗ, ܠܘ. ܠܝ ܚܬܒܒܝ ܘܐܡܗܟ ـ ܐܟܝ ـ ܚܒܠ ܟ

ܘܚܬܒܘܬܐ⁹ : ܠܝ ܐܪܬ ܘܘܕܐ ܐܟ ܐܦ ܬܝܚ.¹⁰ ـ

¹ F ܐܘܢܝܚ ܟܐܟ ܐܟܐ ܐܟܝ ܡܟ. — ² AG ܐܟܘܕ; DF
ܐܦܚܟ; B ܟܐܝܚܐܠ au lieu de ܟܐܘܫܘܠ. — ³ F
ܐܘܡܐ ܐܟܘܕܗ ܐܟܝܘ. — ⁴ C ܕܐܟܝ; D ܕܚܡܠܚ
ܐܘܗܕܗ; F ܐܘܗܕܗܝ ܚܡܘ ܐܟܝܕ ܘܩܐ. — ⁵ C ܝܚܝܘ;
BF ܝܚܝܕܘ; D ܝܚܝ. — ⁶ AG ܚܡܘܚܝ. — ⁷ DF
ܠܐܚ ܗܘܐܚܒܥܐ; C ܗܘܐܚܒܥܐ au lieu de ܐܚܬܒܝ.
— ⁸ DF ajoutent ܠܐ, mais ils ont ܘܝܐܟܝܚܘ au lieu de
ܝܘܘܐܟܝܚ. — ⁹ B ܟܚܝܘܬܘܡܘ ܐܚܝܠܝ; F
ܐܚܝܚܘܡܘ ܐܚܝܠܝ; DF omettent le vers ܗܕܘܡ
ܐܟ et ils ont ܘܗܘܐܡܘ au lieu de ܘܗܘܐܡܗ. —
¹⁰ D ܐܦ ܝܚܬ ܚܬܝܠ ܐܟܝܠܘܕܗ ܐܚܝܘܝܚܡܗ
ܕܥܠܝ; F ܚܬܝܠ : ܐܟܝܠܚܡܘ ܐܚܝܘܝܚܡܗ
ܝܬܝ ܐܦ ܝܚܬ.

ܡܘܡܐ ܐܢܐ ܠܟܘܢ ܬܠܡܝܕ̈ܝ[1]: ܡܘܡ̈ܬܐ ܕܠܐ
ܡܫܬܪ̈ܝܢ. — ܕܠܐ ܢܬܒܛܠܘܢ ܦܬܓܡ̈ܝ: ܐܦܠܐ
ܬܫܪܘܢ ܦܘܩܕ̈ܢܝ[2]. — ܡܢ ܕܦܣܐܡ ܠܝ ܬܫܡܫܬ
ܡܕܒܚܐ: ܠܐ ܢܚܘܐ ܡܕܒܚܐ ܕܫܡܝܐ[3]. — ܕܠܐ
ܘܠܐ ܠܪܘܚܐ ܠܦܓܪܐ: ܕܢܬܬܣܝܡ[4] ܒܐܬܪܐ
ܡܕܝܢܐ. — ܡܢ ܕܦܣܐܡ ܠܝ ܒܟܠܗ ܗܘܒܠܐ: ܠܐ
ܢܚܘܐ ܗܘܒܠ ܡܠܟܘܬܐ[5]. — ܕܠܐ ܬܗܘܬܪ ܫܘܒܚܐ
ܦܪܘܣܐ: ܠܒܪܢܫܐ ܕܠܐ ܫܦܐ ܠܗ. — ܕܟܠ ܒܪܢܫ
ܕܪܓܠܐܝܬ: ܟܐܠ[6] ܢܗܒ ܦܬܓܡܐ. — ܠܟܘܢ
ܗܘܐ[7] ܠܗ ܐܘܪܚܐ: ܠܡܢ ܕܠܐ ܚܘܪ ܠܡܘܥܕܗ[8]. —
ܕܡܢ ܕܠܒܫܗ[9] ܠܐ ܡܣܬܪ: ܠܗ ܒܠܒܠܐ ܠܐ
ܡܣܬܪ ܠܗ[10] ܀
ܒܠܡܕܡ ܡܣܬܪ ܒܟܪ[11]: ܐܝܟ ܕܫܡܥܬܘܢ ܡܢ

---

[1] F ܐܘܪ̈ܗܝܐ au lieu de ܬܠܡܝܕ̈ܝ. — [2] D ܕܠܐ ܢܬܒܛܠܘܢ ܦܘܩܕ̈ܢܝ ܐܦܠܐ ܢܫܬܪܘܢ ܦܬܓܡ̈ܝ; F ܕܠܐ ܢܬܒܛܠܘܢ ܦܬܓܡ̈ܝ: ܘܐܦܠܐ ܢܫܬܪܘܢ ܦܘܩܕ̈ܢܝ. — [3] A ܡܕܒܚܐ ܕܐܠܗܝ; D ܡܕܒܚܢ ܕܫܡܝܐ; F ܡܕܒܚܐ ܕܟܠܟ; G ܡܕܒܚܐ ܕܐܠܗܐ. — [4] D ܕܠܐ ܘܠܐ ܕܪܘܚܐ ܠܦܓܪܐ ܢܬܬܣܝܡ; F comme D, mais ܦܪܝܣܐ au lieu de ܠܦܓܪܐ. — [5] AG ܗܘܒܠ ܢܗܘܪܐ; B ܗܘܒܠ ܡܘܕܫܐ; D ܗܘܒܠ ܡܠܟܘܬܐ; F ܠܐ ܢܗܒܠ ܠܗܘܒܠܬܐ ܕܠܒܠ. — [6] D ܕܪܓܠܐܝܬ ܒܟܠ ܒܪܢܫ ܦܐܡ; F omet cette ligne. — [7] AG ܗܘ ܠܐ; CF ܠܡܢ au lieu de ܠܟܘܢ. — [8] AG ܡܢ ܕܠܐ ܚܘܪ ܠܡܘܥܕܗ; F ܠܐܢܫܐ ܕܠܐ ܚܘܪ ܡܘܥܕܗ. — [9] AG ܡܢ ܕܠܒܫܗ. — [10] F ܠܐ ܘܠܐ ܠܗ ܐܘܪܚܐ. — [11] F ܒܠ ܕܡܠܟܘܬܐ ܒܟܪ ܠܗ.

ܕܚ̈ܢ ـ . ـ ܕܡܠܠ ܗܘ ܗܠܡ[1]ܣܢܐ : ܐܝܟܐ ܐܠܟ ܗܕ ܐܠܟ ܐܟܐ
ܐܠܟ ܐܒܐ ܀

VI. ܕܕܚ̈ܫܪܐ ܟܠ ܗܘ ܡܡـܚـܠ ـ ܒ ܐܟܩ̈ܐ ܒܐ : ܟ̈ܐ ـܝـ
ܠܚـܡـܗ ܠܟܠ ܪܟܩܕ ـ . ـܘ ܒܝـܢܚܕܐ ܕܚܫܕܐ
ܕܡܗ ܒ ܐܝܟ : ܠܩܘ̈ܝܚܐ ܘܐܠܟܐܩ ܐܠܟ ـ[2]. ܐܠܟ ܐܠܟܐܩܐ ܠ
ܐܠ ـ ܟ̈ܐ ـ ܟܢ ـ ܒܚ̈ܢ ـ ܟـ : ܠܚـܢـܒـ ـ ܟ̈ـܝ ܐ̈ܢ ـ[3]. ـ ܟܐܝ ܠـ
ܐܗܡܕـ ـ[4] ܚܕܪ ܕܗܚܝ̈ܐ : ܢܚـܬـܕ ܘܐܢܘ ܘܚـܕـ[5]. ـ
ܠ ܕ ـ ܐܝܟ ܗܘ ܠܚܕ ـ ܠܚ̈ܡ : ܗܘ ܕܗܚ̈ܝܐ ـ ܘܚ̈ـܒـܚـ̈ܪܕ
ܪܚ ـ ܘܚ̈ـܠـܟܐ[6] ـ ܒ̈ـ ـ ܟܚ ـ ܟ̈ـ ـ ܚ̈ـܕـܒـ ـ ܪܚ
ܐܩܚܕـ ـ . ـ ܒܚـܢـܝܪ[7] : ܠܚܕ̈ܐ ܟ̈ـܒـ ـ ܟ̈ـܕـ ـ ܟ̈ـܚ̈ـܘܚـܕܒـܐ[8]
ܠܚـ ـ ܠـ ܚܕـ ـ[9] : ܐܝܟܐ ܠܘ : ܒـܠـܢـ̈ـ ܪܚ ܪܚـ ـ ܘܚـܪ̈ܒـܚܕـ
ܟـ̈ـܝ[10]ـ . ـܘܐܠـܐܠـ[11] : ܠـ̈ـ ܚ̈ـܒـܗ[12] ܚـܠـ̈ـ ـ ܗܘܡ ܚــܠـܡـ ـ ܒܚـ ـ ܪܚ
ܕܚ̈ـܝ̈ـܢ ـ . ـ ܐܠ ـ ܠ̈ـ ـ ܗܗܘܚ̈ـܒـ̈ـܡـܕـ̈ـ[13] ـ ܚـܟـ̈ـ ـ ܗܗ ܚ̈ـܩـ̈ـܪܕ :

---

[1] F ܪܚـ ـ ܗܠـܡ ـ ܠـ ـ ܚ. — [2] C ܟ̈ـ ـܠـ ܚ̈ـ ـ ܠـܘ ; F
ܠـ̈ـ ـܒـ ـ ـ ܪ̈ـܐ ܘܠ ܐـ ـ ܐܩܐܠ. — [3] D ܗܘ ܟܚ̈ـܢـܒـ ـ
ܠ ܪ̈ ; F ܪܕ̈ـܒـܠ ـ ܒ ܟـ̈ـ ـܒـ ـ ܣـ ـ ܠـ ـ ܐܠ ܟ. — [4] A
ـ ـ ܚـ̈ـܡـܟܐ̈ـ ; C ـ ܚـ̈ـܡـܚ. — [5] F ـ ـ ܪ̈ـ ـ ܒـ̈ـܠـ ـ ـ ܗ au lieu de
ܢܚـܬـܕ ; AG ajoutent : ܚـ̈ـ ـܢـ ܕܚ̈ـܪܕ ܚ̈ـܕܐ ـ , mots
qui sont en dehors de la ligne métrique. — [6] F ـ ـ ܚـܪ ـ ܪܚ ;
AG ـ ܚـܠـܕ (G ܪܢ̈ـ̈ـܐܕ) ܟ̈ـ̈ـ ܚ̈ـܒـܚ ـ ܘ̈ـܕ̈ـ ـܐ ـ ـ ـ ܚـ̈ـ ـ ܪܚ ;
DF ـ ܘ̈ـܠـܐܚـܒـܕ au lieu de ـ ܘ̈ـ ـ ـܒـܚܕ. — [7] AG
ـ ـ ܚـ̈ـܒـ ـ . — [8] C ܟ̈ـ̈ـܚ̈ـܘܚ̈ـܠ̈ـ ـܕ ; A ܟ̈ـ̈ـ ـ ܚـ̈ـ ܠ̈ـܚ̈ـ . —
[9] D ـ ـ ܪ̈ـ ـ ـ ܚܕـ ـ ܠـ̈ـ ـ ܚܘ̈ ; FG ـ ـ ܚ̈ـܒـ ـ ܚ̈ـ ܘ̈ . — [10] FG
ܟ̈ـ̈ـ ـ ـ ܚـ̈ـ ـ ܚ̈ـܠـ̈ـ. — [11] FG ـ ـ ܪ̈ـ ـ ـ ـ ܒ̈ـ̈ـ . — [12] D ـ ܚ̈ـܕ ـ ܣ̈ـ ـ ـ . — [13] A ܪـ̈ـܝـ̈ـ̈ـ ܗ̈ـ .

ܕܢܛܪ ܐܠܐ ܐܝܟ ܕܡܬܚܙܝܐ. ܘܐ ــ ܠܝܢܐ ܕܠܐ ܢܛܪ
ܕܡܪ̈ܬܐ [1] ܐܝ̈ܟܢܐ ܕܐ ܟܝ ܝܕܥܝܢ ܠܗܘܢ ܐܠܐ ــ. ܘܐ
ܩܕܡ ܐܡܪ ܐܢܫ ܐܝܟܐ ܘܕܐ ܟܕ ܢܐܡܪ [2] ܐܠܐ ܐܝܟܐ
ܠܗ. ــ ܠܐ ܕܡܩܕܡ [3] ܕܐܝܟ ܐܝܟ ܗܢܐ: ܕܐܟ ܕ ܡܪ̈ܬܐ
ܕܠܝܠ ܐܝܟܐ :.

ܕܡܬܚܫܒ ܠܠܒܐ ܕܐ : ܕܢܚܙ̈ܐܝܬ ܘܐܟܠ ܐܟ ܐ
ܕܢܐܠܝܕ. ــ ܐ ܟܠ ܚܟܝ ܐܟ ܠ: ܘܗܠܐ ܕܡܬܚܙ̈ܝܢ ܗܘܘ ܐܟ
ܐܝܟܐ ܕܠܐ ܐܝܟܘܗܝ ܦܩܡ [5] :.

VII. ܕܟܐܒ ܠܗ ܚܠ ܠܕܙ ܚܫܒ ܠܬܐ̈ܟܠ: ܐ ܕ ܚܟ̈ܘܗܝ [6],
ܐܟܝ ܩ̈ܝܢ ــ. ܘܗܢܐܝܢ : ܬܦܩܬܐ ܠܒܕ ܚ ܠܛܘܩܝ̈ܟܝܢ [7]:
ܘܕܡ̈ܪܙ ܐܟ ܠ̈ܦܗܝ ܘܐܝܟܗ ــ. ܘܢܚ̈ܝܢ ܕܗ ܡܪ̈ܟ ܠܐ
ܡ̈ܕܪܝܘܗ : ܕܛܠ̈ܝܬ ܩ̈ܝܕܪ ܕܪ̈ܟܚܕ ــ. ܚ̈ܙ ܕܐܪ̈ܟܝ [8].
ܚܣ̈ܟܣ ܐܢܘܗ ܠܕ ܐܟ̈ܪܝܢ [10] : ܕܣܡ ܘܐ ܕܕ̈ܝܢ ــ
ܚܘܗܬ ܐܟܐ. ــ ܘܗܘ ܢܣܚ ܐܢܘܗ ܠܕ ܐܝ̈ܟܠܐ:
ܕܗ̈ܦܘܗܝ ܐܟ ܐ ܒܚܬܗ [11], ــ ܕܚ ܗܡ ܢܣ̈ܝܟܚܘ
ܣܚ̈ܟܝ : ܘܢܦ̈ܝܢ [12] ܠܕ ܩܟܐܟ ܚܠ̈ܦܟ ــ. [13] ܐ̈ܠܟ

---

1 D ܕܪ̈ܚܝ ܗܘ ܡܢܐ. — 2 FG ܚܡܪܝ. —
3 F ܢܣܩܕ̈ܘܗܝ; G ܢܣܩܕ̈ܘܗܝ. — 4 FG ܗܘ ܕܩܣ̈ܝ ܡܢ.
— 5 A ajoute : ܘܠܐ ܚܒ ܠܠܝܬ̈ܟܘܢ ܕ̈ܒܬܪܗ, mots qui
sont en dehors de la ligne métrique. — 6 FG ܢ̈ܟܠܝܗ. — 7 A
ܠܛܘܩܝ̈ܣܝ; FG ܠܛܘܩܝ̈ܣܝ. — 8 A ܕܐܪ̈ܝܘܗ. — 9 FG
ܕܒܪ̈ܬܐ ܟܠܣܝ̈ܪܕ ܕܪܒܣ̈ܕ; A ܕܒܠ̈ܣܐ au lieu de
ܒܠܨܬ. — 10 FG ܠܐ ܐܝ̈ܟܪܐ. — 11 B
ܚ̈ܣܝܟܗܝ,. — 12 A ܘܢܦ̈ܝܣ. — 13 A ܩܘܝ̈ܬܐ ܠܕ
ܚܠܟ ܕܕܡ̈ܣܪܣܪ.

ܠܝܢ ܠܗܢܐ ܐܢܫ ܕܚܒܐ: ܘܗܘ ܕܪܚܒ ܠ ܠܢܐܡܐ.'ܗܠ ـ.
ܐܢܬܘܢ ܘܗܠܘܢ ܘܗܝܡܢ ܠܐܬܡܐ ܕܐܬܡܢ ܠܐܬܝܢ : ܕܡ ܘܪܚܒ ܗܘ.:'
ܘܡܐ ܐܟܪܗ ـ ܡܪܝܦ . ܗܡ ܪܡ ܘܐܡܕ ܚܒܕ ܐܟܪܐ ܪܟܝܐ.:'
ܢܩܦܡ ܠܟܚܒܐ ܚܒܪܝܟ . ܗܕܡ ـ ܡܪ ܡܢ ܐܟܦܗܘ ܡܪ ܒܚܕ ـ
ܐܝܟܠܝܐܪ:' ܒܚܒܘܬ ܚܝ ܠܘܡܐ ܟܪܐܗܘ ܕܢ ـ.'ܐܪܒܒܪ ܕ
ܚܒܘܡܒܘ ܘܚܠ ܐܠܡܕ,ܘܚܒܗ ܢܢܕܘ: ܐܠܕ ܐܝܒ ܢܟܘ ܕܒܛܐܬ
ܠܡܐܝܢ . ـ ܘܠܐ ܘܗܡܐ ܚܒܘܟܪ ـ ܡܟܐܒ ܐܟܒܕ ܠܐܚܬܐ:
ܕܐܟܪܐܪ ܡܠܝܚ ܘܟܐܟܐ ܩܠ ܘܪܡܒ ܡܕܒܚ ܗܠ ـ.'ܚܪܒܪ ܐܢܬ ܐܝܟܐ
ܘܟܝ ܝܝ ܕܐܪܪܬ: ܐܠܐ ܐܢܬ ܫܝܟ ܠܒܐܒܐ ܕ ܠ ܐܒܠܬܝ ܪܒ ـ.
ܐܠܐܠܗܘ ܐܟܬܐ ̈ܠܝܚ ܠܝܠܚ: ܕܗܘܗܕ,: ܘܚܒܟܚ ܘܐܟܪܐ ܕܪܝܟܐ
ـ.'ܗܠܝܠܝ. ـ ܕ,ܒܠܒܝ؛ܚ ܐܢܐ ܐܟܪ ܒܠܒܢܐ ܘܩܘܢܒܐ:
ܘܕܡܒ܁ܡ ܐܛܦܘܢ' ܐܢܬ ܐܟܪ ܒܢܒܠܝܬ ܐܒ..:'⁰

ܐܘܟ ܢܟܠܒ ܠܒܐܒ ܠܐܪ ܐܠܕ: ܘܒ ܘܚܒ ܐܟܝܬ ܐܠܕ ܘܘܚܠܘ ܐܠܕ
ܡܚܕ ܒܘܡܡܘܗܘ. ـ ܕܚܠ ܠܘܗܒܚ ܕܚܒܢ ܘܡܩܠܝܚ:
ܐܢܬܘܗܘܡܐ ـܟܝ' ܒܘ' ܐܥܝܟܐ ܕܐܪܪܒ.:.:

---

¹ FG ܐܠܗ ܕܚܒܐ ܐܪ̈ܢܐ ܐܢܐ ܪܢܝܠܟܝܐ, ܠܒܕ; : ܪܢܝ̈ܠܒܐ ܒܘܗ ܐܝܫ. —² D ܐܘܟ ـܢ ܚܢܡ ܗܡ ܘܗܪܬ,.ܗܕܡܪܒܗܕ.

—³ C ܒܘܢ̈ܒܕ; FG ܒܚܢܪܘ̈ܪ. — ⁴ AC ܚܒܗ̈ܪܚܪ; FG ـܪܒܐ̈ܘܟ. — ⁵ FG ܚܒܘܡܐ ܒܐܠܗܕ ܠܒ ܚܒܗ̈ܪܒ. — ⁶ A
ܘܢܘ̈ܢܚܡ;ܗܪ; FG ܡܡ̈ܢܚܘܢܝ. — ⁷ D ܘܠܐ: ܐܒܕܚܠܠ
ܐܘܪܢ̈ܪ ܠܚܟܚܪ; FG omettent le vers précédent. — ⁸ D
ܗܣܚܘܕ̈ܪ; FG ܘܢ̈ܘܪܚ au lieu de ܘܕܘܪܚܒ; ils ajoutent :
ܠܟ ܚܒܛܠܗ ܠܒܝ̈ܚ ܗܡ ܘܩܩܡܒܕܗܡ, et omettent la ligne suivante.—⁹ C ܘܗܕܠܒܝܕܘ; D ܘܗܒܚܗ̈ܚܪ. — ¹⁰ D ܒܚܕܢ̈ܒܚܘ.
— ¹¹ FG ܘܢܠܚ̈ܒܚܝ ܒܘ' ܐܥܝܟܐ ܘܚܒܬ̈ ܗܡ ܘܡܡ̈ܘܠܗ ܗܠܒܕ,; C
ـܚܒܩܚܝ au lieu de ـܒܘܚܝ.

VIII. ܡܘܕܐ ܐܢܫ ܡܐܝܟ ܩܘܡܐ ܘ ܪ.

---

¹ D ;ܒ‍ܝ‍ܪ‍ ‍ܘ‍ܢ‍ ‍ܐ‍ܢ‍ܝ‍ܟ‍ ‍ܘ‍ܐ‍ܢ‍ܫ‍ܘ‍ ‍ܒ‍ܘ‍ ‍ܐ‍ܟ‍ܪ‍ܘ‍ܒ‍ܘ‍ ‍ܘ‍ܒ‍ܝ‍ܠ‍ܙ

FG ;ܘ‍ܗ‍ܒ‍ܟ‍ ‍ܐ‍ܣ‍ ‍ܐ‍ܘ‍ܢ‍ܚ‍ܒ‍ܘ‍:ܐ‍ܘ‍ܐ‍ܘ‍ܢ‍ܐ‍ܟ‍ ‍ܐ‍ܢ‍ܝ‍ܟ‍ ‍ܐ‍ܢ‍ ‍ܒ‍ܝ‍ܪ

— ² A ܡ‍ܪ‍ܘ‍ܕ‍ܘ. — ³ FG ܠ‍ܐ‍ܘ‍ܡ‍ܘ. — ⁴ D ‍ܐ‍ܟ‍ܐ‍ܟ‍ܘ

ܐ‍ܘ‍ܠ‍ܚ‍ܒ‍ܕ‍ ‍ܠ‍ ‍ܣ‍ܘ‍ܩ‍ܗ; FG omettent ce vers. — ⁵ ACD

ܘ‍ܠ‍ܘ‍ܒ‍ܠ‍ܘ. — ⁶ DFG ‍ܐ‍ܘ‍ܢ‍ܝ‍ܟ‍ ‍ܐ‍ܟ‍ ‍ܠ‍ܙ‍ܪ‍ܐ ‍ܐ‍ܟ‍ ‍ܐ‍ܘ‍ܢ‍ܝ‍ܡ‍ܘ‍ܠ‍ܘ; FG

ajoutent: ܐ‍ܘ‍ܒ‍ܕ‍ܡ‍ܝ‍ܪ‍ܐ ‍ܐ‍ܟ‍ ‍ܐ‍ܘ‍ܠ‍ܝ‍ܚ‍ܘ‍ܠ‍ܘ. — ⁷ A ܐ‍ܘ‍ܗ‍ܘ‍ܒ‍ܚ‍ܠ;

FG omettent ce qui suit jusqu'à ‍ܐ‍ܘ‍ܝ‍ܐ‍ܕ‍ܪ ‍ܠ‍ܥ‍ܠ. — ⁸ D

ܘ‍ܗ‍ܡ‍ܘ‍ܒ‍ܕ‍ܘ. — ⁹ FG ‍ܐ‍ܘ‍ܛ‍ܠ‍ ‍ܐ‍ܟ‍ ‍ܐ‍ܟ. — ¹⁰ FG ܡ‍ܪ‍ܘ‍ܒ

ܐ‍ܢ‍ܝ‍ܟ‍ܘ‍ (F ‍ܐ‍ܘ‍ܗ‍ܡ) ‍ܡ‍ܗ ‍ܐ‍ܘ‍ܝ‍ ‍ܐ‍ܘ‍ܢ‍ܝ‍ܟ‍ܐ‍ܘ‍:ܐ‍ܠ‍ܐ‍ܟ‍ ‍ܐ‍ܘ‍ܢ‍ܝ‍ܐ

ܐ‍ܘ‍ܝ‍ܟ‍ܒ‍ܝ‍ܪ‍ܐ ‍ܐ‍ܟ. — ¹¹ FG :ܡ‍ܘ‍ܝ‍ܕ‍ ‍ܡ‍ܗ ‍ܐ‍ܢ‍ܝ‍ܟ‍ܐ ‍ܐ‍ܘ‍ܗ‍ܕ

ܐ‍ܘ‍ܒ‍ܝ‍ܚ‍ܕ‍ ‍ܟ‍ܝ‍ܐ‍ ‍ܠ‍ܐ‍ܦ‍ܣ ‍ܡ‍ܗ ‍ܢ‍ܘ. — ¹² AC ‍ܠ‍ܩ‍ܦ‍ܣ

ܐ‍ܟ‍ܐ. — ¹³ DFG ‍ܐ‍ܘ‍ܗ‍ܪ‍ܝ‍ܛ‍ܘ‍ ‍ܐ‍ܘ‍ܝ‍ܪ‍ ‍ܘ‍ܗ‍ܘ‍ܢ.

---

[1] C omet ce vers qui complète la ligne métrique; D a : ܐܪ̈ܘܬܗ

ܐܪ̈ܘܬܗܡ ܦܣ̣ܡܒ ܐܠܐ̈ܝܐ ܀; FG ont : ܠ̈ܟ ܝܠ̣ ܐ̈ܟܦ̈ܘ

ܐ̈ܟܐ ܟܐ̈ܫ et ils omettent le second vers de la ligne. — [2] FG

ܟܥܡ ܒܕܟܠܗ ܕܕܗܣܡ̈ܐ ܒܠܕܬܐ. — [3] D ܠܦܣ̈ ܪ̈ܟܕܗ ܟܘܡܝ ܕܢ ܕܕܗܣܡ̈ܐ.

ܐܠܐ̈ܝܐ. — [4] DFG ܗ̈ܟܐ̈ܝܕ. — [5] FG ܘܩܪ̈ܟܘ ܟ̈ܠ̣ܝ. —

[6] ACFG omettent ce vers qui complète la ligne métrique; D ajoute :

ܦܣ̈ܩܘܗ̈ܣ. — [7] D ܐ̈ܟ̈ܘܬܗ̈ܝ ܕܪ̈ܣ̈ܝܐ ܐ̈ܟ̈ܢܕ ܕܗ̈ܘܬ̈ܝܢܝ

ܟ̈ܣ̈ܝܚܐ ܦ̈ܢ̣ ܠ̈ܚ̈ܕ ܗ̈ܐ ܐܠܐ̈ܝܐ; FG ܟ̈ܢ̈ܝ

ܕ̈ܪ̈ܟܚ̈ܩ (G ܠܕܘ) ܟ̈ܢ̈ܣ. — [8] FG ܒܪ̈ܟܘ̈ܬܗ. — [9] ACFG

ܗ̇ ܒ̈ܪ̣ ܗ̈ܘ. — [10] FG ܠ̈ܬ̣̈ܪ̈ܒ̈ܠ̈ܣ. — [11] FG

ܩܘ̈ܪ̈ܣ̈ܒܣ̈ܡ. — [12] FG ܘ̈ܟܐ ܠܕ̈ܝ̈ܠ ܐ̈ܟܐ. — [13] C

ܟ̈ܕ ܐ̈ܟܬ ܐ̈ܟ̈ܪ̈ܝܚ ܒܗ̈. — [14] F ܗ̈ܕ̈ܪ̈ܒ. — [15] FG

ܗ̈ܟ̈ܒ̈ܝ̈ܬ̈ܐ. — [16] FG ܗ̇ ܟ̈ܒ ܐ̈ܟ̈ܫ̈ܪ̈ܐ ܟ̈ܪ̈ܒ̈ܝ̈ܗ̈ܒ ܐ̈ܘܡ̈ܪ̈ܝ.

XI. ܕܓܠܐܕ ܪܟܡ ܟܣܩܕ ܗܒܣܐ: ܒܪܕܐ ܝܪ̈ܕܒܐ ܪ̈ܒܗܐ[1]

ܗܘܣܣܘ ـ ܕ̈ܐܟܕ ܕܐܟܣܕ ܕܐܟܣܕ: ܟܪܦܐ̈ܗܪܟܘ

ܟܕܩ ̈ܕܣܘܠܐܗܘܩ ـ ܕܠܟܝ ܡܕܕܣܘܩ ܡܪ̈ܒܒܐ[2]:

ܟܠܗ ܝܗܒ ܗܝܪ̈ܐ ܡ ܡ̈ܝܗ܉ ـ ܠܟܝܢ̈ ܕܟܠܘܟܣ

ܝܗܒ.ܟܐ ܠܗ ܣܐ ܗܒܝܐ ܐܝܟ ܗܝܪ̈ܗ ܣܗܘ܉ ـ ܕܣܟܐ ܟܝܪܐ ܠܒܠܗܐ

ܘ̈ܗܒ ܟܐ ܠܓܐܟܬ: ܒܣܒ ܣܣ ܝܪܐ ܟܐܘܣ̈ܐ ܟܗܠܘܣ̈ܐ.ـ

ܡܩܡ ܠܕ ܪ̈ܟܪ ܟܐ ܠ[3]: ܠܐ ܕܠܠܗܘܩ ܩܘ ܗ ܠܕ

ܠܗܘܩ ـ ܟܠܘ ܘܠܩ.ـ[4] ܗܝ̈ܒܝ: ܕܠܗܒ ܠܠ ܕܟܟܐ ܕܗ ܒܟܐܒ:

ܐܘ̈ܗܒܐ ܟܠܗܐ ܐܗ̈ܗ ܝ̈ܗܘܪ ـ.[5] ܕܗܒܟ̈ܘ ܩ̈ܟܐ ܟܐܕܐܩܕ

ܩܡ̈ܕ: ܩܣܘ̈ܝܣܗܐ ܟܐܕܐ ܟܐܗ̈ܒ ܝܗ̈ܝܪ ـ.[6] ܘܒܣ̈ܐ

ܟܠܕ ܟܝܗ ܠܗܒܒ: ܟܐܟܟܘ ܩܡ̈ܗܠܐ ܪ̈ܟܐ ـ[7] ܟܐ ܟ̈ܝܒܝ ـ[8]

ܩܒ̈ܘ ܟܐ ܟܐ ܟܐ ܣ̈ܒܣ ܝ̈ܗ܉ ܒܐܕܐ ܩܡ̈ܗܠܗ:[9] ܟܐ ܩܘܒܝ̈ܪ

ـ.ܟܟܣܒ܉ ـ ܝܪ̈ܘ ܕܪ̈ܗ ܕ ܝܪܐܝܕ[10] ܡ ܗܘ̈ܪܗ ܟܐܪܘ: ܠܐ̈ܟܪ̈ܟܐ

ܟܠܗ ܝܒ̈ܪ ܟܘ ܟܐ ܣܝ ܗܠ܉ ∴

ܩܣܕܗܩ ܟܐܟܘ ܟ̈ܝܪ ܝܩ ܠܒ ܗܒܕ̈ܘ: ܟܟܐ ܕܟ̈ܘ ܐܟܟܐ ܐܘܩ̈ܐ

ܐܣܒܣܒ.[11] ـ ܟ̈ܝ ـ ܟܐ̈ܝܘ ܟܝ̈ܘ ܣܗ̈ܩܘ ܘ̈ܗܘܣ ܗܘܩ̈ܒ܉[12]: ܒܟܣܒܘ:

ܟ̈ܟܝܘܠ ܝܩ ܟܘ ܟܝܪ̈ ܩܗ ܟ̈ܝܘܠ ܠܒ̈ܕܣܐ.[13] ∴

---

[1] FG ajoutent ܘ̈ܟܝ. — [2] D ܒ̈ܘܒܟ. — [3] C ܝܪ̈ܠܗܘ. —
[4] AC ܟܠܘ̈ܒ. — [5] FG ont seulement : ܟ̈ܒ ܠܘ ܒܣ̈ܝ ܠ̈ܝܣ
ܐܝ̈ܟܘ. — [6] BCDFG omettent ce vers qui complète la ligne métrique. — [7] FG ܟ̈ܝܒܝ ܟܐܠ ܟ̈ܒܣܕܘ; BD ܣ̈ܝ̈ܒ au
lieu de ܝܪ̈ܐ. — [8] C ܟ̈ܝܒܝ ܣ̈ܝܒܘ, la ligne suivante
manque; FG ܟܝ̈ܠܗ au lieu de ܝ̈ܠ̈ܒܣ. — [9] D ܟܐܠܕ
ܝܩ̈ܪܟ ܒ̈ܗܣ ܝܪܐܝ̈ܢ; FG ܝܒ̈ܣ ܒ̈ܗܣ ܟ̈ܝܪ ܟܐܠܕ. —
[10] FG ܝܪ̈ܒܗܘܩܘ ܕܕܝܪ. — [11] FG ܝ̈ܒܣܒܣܗ. — [12] DFG
ܣ̈ܝܪܗܘ. — [13] FG ܠܘ ܝܩ̈ܪܕ ܟ̈ܝܪ ܟ̈ܝܘܠ.

ܐ. ܕܡܟ̈ܐ ܕܐܒܗ̈ܬܐ ܗܟܐ ܐܝܬܝܗ̈ܕ ܐܟܕ ¹ ܐܪ_ܒ_ܠ_ܐ: ܐܚ_ܕ_ܬ̈ܐ:
ܕܬܚܕ ܘܢܬܥܕ ² ܥܕ. ــ ܘܐܝ̈ܟܗ, ܐܚ_ܒ_ܐܕ ܕܟ_ܐ
ܕܡܚܢܝܐ: ܐܝܗ̈ܬܝ ܕܒ_ܕ_ܗ̈ܐܕ ³. ــ ܗܒ̈ܘܝܐ ܕܟܚܡ̈ܐܟܐ
ܠܝܕ̈ܒ: ܠܟ ܡܥܝܬ̈ܐ ܠܘ ܕܡ ܢܩܗܕ. ــ ܘ_ܠ_ܒ_ܕ_ܐ ܟ̈ܐ
ܗܝ ܠܟ ܩܠܝܢܟ ܠܘ: ܕܡ ܡܘܕܟ ܕܠܝܗ̈ܕܘ ܟܐܬܥܕ̈. ⁴ــ
ܠܟ ܐܚܡܣܕܕ ــ ܚܕܕ ܕܩܗ̈ܕ̈ܟܐ: ܐܠܟ ܐܬܝܠ ܠܕ ⁵
ܟܐܡܬܝ̈ܟ. ــ ܘܠܟ ܗܕܡܕ̈ܟܐ ܕܐܠܟ ⁶ ܐܝܢܝܬ̈ܐܟ ⁶ ܕܠܟ ܚܗܕ̈ ܕܗܬܝܪ
ܠܘ ܟܐܡܬܝ̈ܟ: ــ ⁷ ܐ_ܚ_ܠ_ܕ̈ܝ ܕܗ̈ܡ̈ܟܐ ܕܒܠ ܗܐܟ ܡܗ̈ܟ̈ܐܕܐ
ܘ̈ܠܕ ܕ̈ܒ_ܠ_ܕ ܠܗ̈ܕ ܕ_ܝ_ܠ_ܗ̈ܒ_ܐ̈. ⁸ ــ ܡܗ̈ܬ̈ܕܐ ܟ ܗ̈ܕܗ̈ܟ ܗܕ_ܒ_
ܠ_ܟܐ̈ܠ_ܟܐ: ܘ̈ܚ_ܠ_ܕ ܟܐܬ̈ܝܕܚ ܗ̈ܕ̈ܠ_ܠ_ܟܐܕ. ⁹ ــ ܣܠ_ܒ ܬ̈ܝ_ܢ_ܟܐ
ܘܚ̈ܡ̈ܣܕ̈ܟܐ: ¹⁰ ܕ̈ܝ_ܠ_ܟܐܕ̈ ܟ̈ܐܗ̈ܬ̈ܕ̈ܚ_ܒ_ܕ̈ܝ_ܕ̈ ¹¹ـܕ_ܝ ܚ̈ܡ̈ܕܐ
ܬܝ̈ܢܟ ܐ_ܠ_ܝ̈ܒ̈: ܠ_ܚ_ܕ̈_ܒ_ܐ ܕܐܠܟ ܕ_ܟ̈_ܝ_ܟ ܕ_ܝ_ܠ_ܟ ܟ
ܗ̈ܒ. ــ ܐ_ܟ̈_ܠ_ܒ_ܐ ܕܗ̈ܕ̈_ܠ_ܝ̈_ܒ_ܟ ܕ̈ܒ_ܠ_ܚ̈_ܒ_ ܕ̈ܩ̈ܗ̈ܒ̈ܐ:
ܘܗ̈ܚ̈ܣܘܕ̈ܗ̈ ــ ܟ̈_ܠ_ܐ̈ܠ̈ܟ ܗ̈ܒ̈ ܚ̈ܕ_ܒ̈ ܟ̈ܐ̈ ܠ_ܐ̈ ¹² ܟ̈ܠ_ܒ̈_ܕ̈ ܗ̈ܒ_ܠ_ܩ̈ـ
ܘܕܠܟ ܗ̈ܬ̈ܝ_ܟ: ܕ̈ܒ_ܬ̈ܝ_ܟ ܕ̈ܐܠܟ ܕ̈ܒ_ܕܕ̈ܟܐ ܠ_ܗ̈ܕ ܬ̈ܒ̈_ܕ_ܝ_ܠ_ܐ. ¹³ ــ

---

¹ A ܗܝ_ܒ_; FG ܟ̈ܝ. ــ ² FG ܘܢ̈ܣ̈ܚ̈ܕ. ــ ³ FG ܕܒܚ̈ܡ
ܕ̈ܒ_ܚ_ܕ_ܗ̈ܟ_ܟ ܗ̈ܕ̈ܗ̈ܒ_ܟ̈ܐ: ܚ̈ܚ_ܒ̈_ܬ̈ܥ_ܠ_ ܥ̈ܒ_ܠ. ــ ⁴ FG
ܗ̈ܕ̈ܡ̈ܟ ܗ̈ܕ_ܒ̈_ܕ̈ܗ̈ܒ_ܐ. ــ ⁵ AC ajoutent ܗ̈ـ. ــ ⁶ FG ܟ̈ܗ̈ܡ̈ܕܟ
ܕ̈ܠ_ܐ: ܕ_ܝ_ܢ_ܥ_ܒ_ ܠ_ܘ ܕ_ܝ ܗ̈ܕ_ܟ_ܐ; FG
ܚ̈ܡ̈ܣ̈ܕ̈ܟ. ــ ⁷ D ܕ̈ܠ_ܟ ܗ̈ܚ̈ܣ̈ܝ_ ܠ_ܘ ܕ̈_ܝ ܬ̈ܣ̈ܝ̈_ܗ̈ܡ_ ــ ⁸ D ܟ̈ܗ̈ܬ̈ܠ_ܩ̈
ܘ̈ܗ̈ܟ̈_ܠ_ܟܐܕ̈ ܬ̈ܝ̈_ܣ̈_ܒ_ܝ̈ܕ̈; F ܟ̈ܗ̈ܬ̈ܠ_ܩ̈ ܕ̈ܒ̈_ܠ_ܗ̈ܟܐܕ̈; G ܘ̈ܗ̈ܟ̈_ܠ_ܟܐܕ̈
ܟ̈ܗ̈ܒ̈_ܠ_ܩ̈. ــ ⁹ FG ܟ̈_ܝ̈_ܬ̈ܝ_ܒ_ܕ̈ܕ̈. ــ ¹⁰ FG ܟ̈ܗ̈ܡ̈ܕܗ̈.
ــ ¹¹ FG ܐ_ܟ_ܒ̈_ܚ_ܒ̈_ܩ̈_ܒ_ ܗ̈_ܒ_ܚ_ܕ̈ ܣ̈ _ܠ_ _ܒ_ ܩ̈. ــ ¹² D ܕ̈ܒ_ܠ_ܝ̈
ܟ̈ܐ̈ܚ̈ܠ_ܝ̈_ܩ̈_ܗ̈ܡ̈, ܠ_ܚ_ܒ_ܕ̈ ܟ̈ܐ̈ܚ̈ܕܡ̈ ܘ̈ܗ̈ܚ̈_ܝ̈_ܒ_ܚ̈ _ܡ̈ܘ̈_ܣ̈ _ܒ_ ܗ̈ܡ̈
ܕ̈ܒ̈_ܬ̈ܝ̈_ܟ ܕ̈ܠ̈_ܒ_ܟ. ــ ¹³ A ܗ̈_ܒ̈_ ܠ_ܘ ܗ̈ܚ̈ܣ̈ܝ_ ܕ̈ܠ̈_ܒ_ܟ; D ܟ̈ܐ̈_ܠ_ܒ_ܟ
ܕ̈ܒ̈_ܬ̈ܝ̈_ܟ ܕ̈ܒ̈_ܚ̈ܒ̈_ܩ̈; FG ܗ̈_ܒ_ ܚ̈ܕ̈ ܚ̈_ܠ̈_ܒ_ܕ̈ ܕ̈ܒ̈_ܬ̈ܝ̈_ܟܐ ܕ̈ܒ̈_ܚ̈_ܟ̈ܐ ܠ_ܘ ܕ̈ܚ̈ܪ̈_ܒ_ܗ̈_ܠ.

XI. ܡܒܘܪܒܡܡ ܐܠܐ ܐܗܘܡܟܡܘܗܘܘ: ܐܠܗ ܡܒܪܒܕܪ
¹ D ܡܪܚܐܙ. — ² FG ܡܒܠܘܠܟܐ. — ³ A ܪܫܠܒܐܬܐ;
D ܡܠܝܠܘܐ au lieu de ܡܠܠܘܐ; FG omettent cette ligne.
— ⁴ FG ܡܡܚܡܪܝܡ. — ⁵ FG ܡܒܝܗܪܝ. — ⁶ C ܚܒܚܡ
ܐܝܠܠܟܐ; D ܚܝܗ ܐܪܗܡܝ. — ⁷ FG ܡܡܚܡ ܒܣܘܒ. —
⁸ B ܚܒܡܚܒܠܝܪܝ; C ܚܒܚܚܠܚܝܪܝܚ; DFG ܚܒܚ
ܐܪܒܡܝܟܐ. — ⁹ FG ܚܒܚܚ ܚܚܚ ܚ. — ¹⁰ CFG ܟܝܠܠܐ.
— ¹¹ FG ܐܗܪ ܐܟܚ ܡܒܪܪܝܟܐ. — ¹² FG ܚܒܡܝܚܝ ܐܟܚ ܠܝܗ.
— ¹³ FG ܐܠܗ ܐܗܘܦܚܚܚ ܚܒܪܐܟܝ ܚܚܩܚܚ ܗ. — ¹⁴ FG sic:
les autres mss ont : ܢܝ ܚܝܪ ܐܬܝܗ.

ܘܒܗ ܐܠܐܟܐ ܐܟ̈ܢ ܡܢ ܐܝܪܝ ܐܠ̣ܟ ܗ . XII

---

[1] FG ܐ̇ܫܕܟ ܘܡܣܬܥܪܢ. — [2] A ܒܬܕܗ ܐܬܒ ܗ̇ܬ ܐܬܕ̇ ܟܐܘ
ܐܝܪܕ; D ܗܬ̇ܝܐ ܡ̇ܗ ܟܐ̇ܝܐ ܟܐܘ; FG ܟܐܘ
ܗ̇ܝܐ ܕ̇ܝ ܟܐ̇ܗܬܐ. — [3] FG ܐܡ̇ܗ ܠܐ . ܢܘ̇ܕܝ.
[4] AC ܗ̇ܫܪܐ. — [5] A ܟܐܘ ܐ̇ܝܐ ܐܠ̈ܝܐ ܟܐ; C ܟܐܘ
ܐܝܪ ܐ̇ܝܐ ܠܐ ܐ̈ܝܐܠ. — [6] FG ܗ̣ܘ̇ܢ̇ܕ ܐ̇ܬܐܟ.
— [7] FG ܪ̈ܝ̇ܦܟ ܟܐܘ ܗ̇ܬ̇ ܗ̇ܡ̇ܗ. — [8] C ܐܠ̈ܗ
ܐ̈ܝܫܘ̇ܬܐ ܐܬܒ̇ܝ̇; FG ܟܐ̇ܬ̈ܝ̇ܐ au lieu de ܐ̇ܝܐ. —
[9] FG ܗ̇ܘ̈ܟܐ ܐ̈ܝܫ̇ܐ ܐ̇ܠܝ̇ܒ : ܐ̈ܩܝܗ̇ܐ ܐ̈ܝܫܐ. —
[10] FG ܐ̇ܘ̈ܟܐ ܐ̇ܝܪ̈ܥܠ : ܐ̇ܒ̣ܗ̇ܟ̣ܐ̇ܬܠ̇ ܟܐܝ ܐ̇ܝܪ ܐܠ
ܐ̇ܟ̇ܝ̇ܠ̇ܘ. — [11] FG : ܟܐ̇ܗ̇ܒ̇ܠ ܟܐ̇ܝ ܗ̇ܝ̣ ܐ̈ܝܫ̇ܐ

ܡܗܠ ܣܡ ܕܡܪ ܠܒܠܗ ܡܗ ܒܬܘܟܐ; A ܣܒܬܘܟܐ au lieu de
[1] FG ܦܘ̈ܩܕܐ ܗܠ ܡܬܟܬܒ̈ܢ ܐܟ ܗܘܐ ܐܪ. — [2] FG ܡܢܝܡ
ܡܢ ܐܒܪ̈ܐ ܕܠܐܗ ܟܠܗܘܢ. — [3] FG ܐܟ̈ܪܕ ܐܟܐ ܕܐܟܡ̈ܗܠ
ܐܪܘ; D ܠܐ au lieu de ܢܐ. — [4] DFG ܒܢ ܣܝܣܝܐ.
— [5] FG ܚܠܒ ܘܡܚܠ ܣܦܘܬܟ ܕܐܟܡܘܬܐ,. — [6] FG ܡܩܝܡ.
— [7] FG ܕܐܟܡܘܠܟ. — [8] D ܗܒܒ ܣܠܒܬܐ ܗܘ ܢܕ. — [9] FG
ܠܡܬܒܟ ܦܠ̈ܪܐ; ils ajoutent :
ܘܡܪܘ̈ܣܐ ܐܟ ܠܝܚ ܣܦܚ̈ܬܝܘ. — [11] A ܠܝ ܣܦܚܣܝܐ ܠܟ ܪ̈ܐܣܬܘܡܘ;
C ܢܡܘܗܟܣܘ ܐܠܐ (l. ܪ̈ܐܣܬܘܡܗܘ) ܪ̈ܐܣܬܘܡܗܘ; FG

ܣܠܝܠܟ ܟܝܢܐ ܠܗܕܐ ܦܗܕܐ ܠܗܡ: ܐܪܐܕܐܠܘܗ ܐܝܠܝܬܗܡܐ,
ܠܠܘܐ ـ . ܟܠܪܐܟܕܗܡܡ ܟܝܢܐ ܝܢܝ ܐܝܢܟ: ܠܗܡ ܕܠܗܡ ܠܗܡܕܐ ܐܟܪܢܕ
ܟܠܠܐܘ .:.¹

XIII. ܠܗ ܘܟ ܠܐ ܠܗ ܕܟܘܠܝܢܣܘܪ ܦܓܐܠܠܝܢܡܕ :ܣܘܠܝܢܝܢܗ ܟܠܐܟ
ܐܪܕܕܗܡܡܐ ـ ²ܟܝܐ ܐܟܘܡܪܟ: ܟܬܪܝܠܕ ܕܡܕܠܝܢ ܘܡܘܘܩܘ ـ ²ܟܝܐ.
ܗܒܕ̈ܗ : ⁴ܝܡܠܠܝܗܕ ܠܘ ܟܕܗܕ ܟܘܡܡ ـ ³ܟܐܟܕܗܘܡܡܟܘ
:ܐܟܬܢܕ ܥܝܢ ܐܝܬܕܗܠܬܝܢܕ ـ .ܟܝܢܗܘܕ ܢܝܢܝ ܐܟ ܠܘ
ܟܝܪܕܗ ܣܘܝܠܣ ܟܠ ـ .ܟܢܬ ܡܕܗܕ ⁵ܟܝܢܕܐ̈ܡܡܣܕ
.ܟܪܕܢܝ ܕܟܠܠܟ ܕܝܘܠܗ ܠܘܗ :ܟܬܪܝܣܕ
ـ ܟܝܪܕ ܒܥܐ ܠܬܕܠܠܟܐ: ܟܪܕܢܕ ܟܢ ⁹ܚܠܒ ܗܝܒ ـ
:ܝܢܪܕܝ ܟܢܝ ܝܠܪܕ ܠܝܐ ـ .¹⁰ܟܪܕܝܣܕ ܟܠܠܐ̈ܡܕ
ܝܠܟ ܡܗܒܢܠ ܬܒܣܕܚ . ـ ܕܕܩ ܗܡ ܐܟܝܢܕ ܟܠܝ ܝܠܟܐ ܠܒ
ܟ̈ܕ̈ ـ .ܐܟ̈ܝ̈ ܟ̈ܝܠܕ̈ܕܘ ¹¹ܕܗܘ̈ ܟܝܢ :ܟܢܝ ܟܠܡܣ
ـ .¹²ܗܡܩܘܕܗ ܕܘܩܠܟ ܟ̈ܝܢܬ :ܒܥܝܠ ܢܝܠܒ ܗܝܒ ܡܕܩ
ܟ̈ܝܠ̈ܟ ܕܪܒ ܣ:ܟܟ̈ܝܢܣ ܠܘ ܟܕܗܟܐ̈ܠ ܢ ܝܟܘ

---

¹ FG ܟܝܢܣ ܠܒ ܠܕܠ ܟܝܢܐ ܕܟ̈ܝܢܐ ܕܠܗܡܘ :ܟܪܡܕܗ. — ² D ܠܟ
ܗܕܡܡܕܗ ܠܠ ܠܗ ܠܘܩ ܟܝ ܚܡܣܢܝ ܟܝܐ FG; ܒ̈ܟܣ ܟܝܐ; —
³ FG ܟܪܕܗܡܕܒ̈ܟܪ ܐܡܡܩܘ ܟ̈ܪܡܘܟܪ. — ⁴ FG ܟܠܠܠܟܗܕ. —
⁵ C ܟܝܢܢܕܗܕ̈ܒ; FG ܟܝܢܝ̈ܢܝ̈ܕ̈. — ⁶ D ܟܝܢܐ̈. —
⁷ ADFG ܚܡܣܘ̈ܝܕ. — ⁸ C ܟ̈ܕܠܝܠܕ; D ܡ̈ܝ̈ܠܩܐ̈ܟ; FG
ܟܕܗܠܟ. — ⁹ CFG ܠܚܢܝ. — ¹⁰ D ܟܪ̈ܝܣ ܕܗ ܐ̈ܝܠܕܗܕ
ܟܡܪܘ̈ܣ ܠܝܟܘ; FG comme D, mais ܟܗ̈ܪܣܕܗܒܪܕ au lieu de
ܟܦ̈ܪܣ ܠܝܟܘ. — ¹¹ D ܠܗ ܠܘܩ ܟܝܢ. — ¹² D ܬܕܗܩܡ ܣܪܡܒ au lieu de
ܠܝܟܘ; FG ont : :ܕܝܢ̈ܪܝ̈ܐܡܠ ܝܒ (F ܕܗܗܡܕ) ܟܕ ܡܕܝ ܟ̈ܕܚܕ
ܟܝܢܪ̈ܡܕ .ܟܗܠܡ̈ܪܝܕܘ. ܟܝܢ̈ܬܕ ܟ̈ܝܢܕܪܟܐ̈ܕܗ ܟ̈ܝ̈ܟ̈
ܟܝܐ̈ܡܡܩܘ. :ܟܝܢܣ ܟܝܢ ܣ̈ܝܠܣ ܚܦܩܘ̈ܗܒ.

---

¹ AD ܐܢܬܘܗܝ̈ܝ ; FG ܪ̈ܝܩܝܢ ܐܟܡ̈ܝ ܡܗܠ ܝ̈ܡ . — ² FG
ܐܝ̈ܕܝ. — ³ DFC ܒܡܕ̈ܝ̈ܬ ܩܡ̈ , et FG ܐܟܢܝ au lieu de
ܐܢܫ. — ⁴ FG ܬܚ̈ܕ ܡܩ̈ܘܠ ܡܝ̈ ܩܠ̈ܕ ܠܝ̈ . — ⁵ FG
ܐܝ̈ܟܘܗܝ ܪ̈ܝܩܝܬܐ ܠܐ ܠ̈ܚ ܡܕܚ̈ܝܡܝ . — ⁶ FG ajoutent :
⁷ D ܠܝ̈ܪ̈ܝܢܐ ܘܩܡ ܪ̈ܥܝܐ ܪ̈ܝܩܝ̈ܘܠܩ ܘܐܝ̈ܒܪ̈ܐ ܠܝ̈ܒܪ̈ܐ
ܡܝ̈ܬ̈ܐ ; C a ܪ̈ܚ̈ܝܐ au lieu de ܪ̈ܝܩ̈ܝܐ , et ܡܗ
manque ; FG omettent ce qui précède à partir de ܪ̈ܝܩ̈ܝ̈ܒܕ. —
⁸ F ܪ̈ܝܩܝܨܗ ; G ܪ̈ܢ̈ܝܝܝ̈ܕ ; ils ont ܐ̈ܟ̈ܝܠ̈ܝܢ au lieu de
ܪ̈ܢ̈ܝܝܐ. — ⁹ FG ܩ̈ܝ̈ܗ̈ܘܡܐ ; D ajoute : ܘܢܫܝܩ ܗܘܡ
ܩ̈ܝ̈ܕ̈ܒܪ̈ܗܝܘܗܝ ; ce qui suit jusqu'à ܩ̈ܝ̈ܝ ܘܗ de la strophe
suivante se lit ainsi dans C : ܪ̈ܕܡ ܝ̈ܐܫ ܠܝ̈ܪ ܐ̈ܬܘ̈ܡ̈ܗ ܡܘܗ̈ܝܢ ܐܬܟ̈ܝ
ܘܩܦܠܬ̈ܟܐ. — ¹⁰ D ܪ̈ܚ̈ܝܐ ܪܗܡ ܝ̈ܗܕ.

ܚܢܦܘܬܐ ܦܩܕ ܕܢܬܒܛܠ . ــ ܒܩܕܡܝܘܬ ܚܘܦܠ ܡܫܡܚ
ܡܬܩܪܐ : ܘܒܐܦܠܛܘܢ ܐܬܚܟܡܬ ܐܦ ܗܘܝܘ ܚ
ܐܦܗܘ ܕܐܝܬܘܗܝ ܡܫܝܚܐ ܕܒܪ ܐܠܗܐ : ܐܠܐ ܐܟ ܒܪ ܢܫܐ ܐܝ
ܐܦ ܣܗܝܠ ܐ . ــ ܘܐܝܬܘܗܝ ܘܗܘܐ : ܐܦ ܒܛܥܝܘܬܐ ܒܟܐܘܬ
ܫܘܒܚܐ ܐܠܗܐ[1] :

XIV. ܠܗ ܕܩܛܠ ܘܐܚܐ ܐܝܟܢܐ : ܐܝܠܝܢ ܕܝܢ ܕܐܡܪܝܢ ܕܡܢ
ܕܠܩܘܒܠ ܗܘ ܐܝܬ ــ . ܩܘܬܐ ܚܝ ܣܗܝܠ ܠܩܘܒܠ
ܐܚܪܬܐ : ܘܕܚܢܝܢܝ ܡܢ ܣܘܚܐ . ــ ܘܐܦܠܐ ܐܠܐ ܕܐܠܗܐ
ܐܝܟ ܐܢܫ : ܒܩܕ ܐܝܟ ܕܐܚܝܕ ܥܠ ܚܘܠܛܢܐ[2] . ــ ܗܘ
ܠܡ ܕܚܝ[3] ܐܝܬܘܗܝ ܠܗ : ܕܐܝܬ ܐܝܟ ܕܐܦ ܡܝܬܝܢ ܕܩܝܡ ܚܢܝܢ
ܐܘܟ . ــ ܠܚܝܬܐ ܡܠܘܐܢܐ : ܚܝܬ ܕܐܠܗܐ ܘܐܠܗ[4] ܐܝܟ ܗܘ
ܠܗܘ[5] . ــ ܘܕܗܘܐ ܐܝܕܝܢ ܥܠ ܗܕܐ : ܣܚܝܚ ܠܦܠܓ
ܕܢܠܕ ܐܝܟܐ . ــ ܘܡܕܡ ܘܕ ܡܠܠܬ ܐܝܟܢܐ : ܐܦ
ܡܫܟܚ ܐܠܗ ܐܠܗ[5] : ܕܚܢ ܠܗ ܐܝܟ ܐܠܗ ــ . ܐܠܗܐ ܕܗܘܐ ܐܝܟ
ܠܗ : ܕܢܚ ܡܢ ܕܢܣܚܐ ܚܝܬ ܐܝܟܐ[6] . ــ ܐܝܟ ܕܡܢ
ܣܚܝܐ[7] ܐܝܟܐ ܠܩܕ ܚܝ ܠܩܘܒܠܐ : ܠܠܚ ܠܛܠ ܕܛܐ ܚܢܦܬܐ :

---

[1] D ܘܐܝܬܘܗܝ : ܘܗܘܐ ܕܘܚܢܝܢܝ ܟܚ ܕܐܒ ܣܗܝܠ ܠܟ
ܡܩܕ ܐܟ; FG ܟܐܡ ܐܦ ܒܛܥܝܘܬܐ ܫܘܒܚܐ ܐܠܗܐ ܕܒܚܪܬܐ
ܕܚܚܝܣ ܐܝܟ ܐܦܠܐ ــ ܘܚܢܝܢܝ : ܠܟ ܐܟ ܐܝܣ ܣܗܝܠ ܠܟ
ܟܘܗ ܡܐܗ ܐܟ . ܐܠܐ ܕܒܪ ܟܚ ܒܡܟܘܬܐ ܘܒܚܟܡܬܐ
ܚܘܦܠܚ . ـ [2] FG : ܐܠܐ ܕܚܝܫܐ ܥܠ ܚܘܠܛܢܐ
ܕܠܐ . ـ [3] FG ܚܢ ܕܚ ܕܚܝ ܗܘܐ . ـ
[4] FG ܐܠܗ ܚ ܐܝܟ ܗܘ ܚܝ ܕܚܝ; A ajoute : ܗܚܢ
ܕܚܟ ܕܢܚܣܪ ܐܝܟܐ ܕܦܩܡܚܬܐ. ـ [5] AFG ܐܝܟܐ. ـ [6] D ܕܢܚܣܪ ܕܟ
ܚܝܬ ܚܝ ܐܝܟܐ ܢܚ ܐܝܟܐ ܡܒܟܘܬܐ. ـ [7] FG ܐܝܟ
ܕܒܚܢܝܢ.

ܘܐܝܟ ܢܘܪܐ ܕܡܢ ܠܗ̇ ܦܪܙܠܐ[1]: ܕܡܬܬܠܒܐ ܕܡܢ
ܒܟܘܪܐ. ـ ܘܗܟܢܐ ܕܐܬܬܠܒܬ ܡܢ ܠܗܘ: ܐܠܗܐ
ܠܗ ܘܡܫܬܠܡܐ ܠܗ[2] ܠܗ ܀

XV. ܬܘ ܬܠܡ̈ܝܕܝ ܐܬܒܪܘ: ܒܝܘܠܦܢܗ ܕܪ̈ܒܢܐ
ܒܪܘܟܐ[3]. ـ ܘܐܢ ܐܢܐ ܠܐ ܗܘܝܬ ܐܝܟ ܢܘܢ:
ܗܘܘ ܐܢܬܘܢ ܐܝܟ ܡܫܝܚܐ[4] ܘܐܝܟ ܢܦܫ. ـ ܘܐܢ
ܠܘܬܝ[5] ܐܝܟ ܕܠܒܢܝܢܐ: ܗܘܘ ܐܢܬܘܢ ܐܝܟ
ܐܒܪܗܡ[6]. ـ ܘܐܢ ܠܐ ܐܢܬܘ ܐܝܟ ܐܝܣܚܩ:
ܬܘ ܐܬܒܪܘ ܐܝܟ[7] ܝܥܩܘܒ. ـ ܘܐܢ ܠܐ ܐܢܬܘ
ܐܝܟ ܕܗܝܡܢܐ: ܗܘܘ ܐܢܬܘܢ ܒܕܡܘܬ ܝܘܣܦ[8]. ـ
ܘܐܢ ܠܐ ܗܘܝܬ ܐܝܟ ܐܠܝܐ: ܩܒܠܘ ܪܘܚܗ
ܕܐܠܝܫܥ[9] ܀
ܐܝܟܐ ܠܒܪܐ ܕܬܬܒܣܪܘܬܐ: ܒܫܝܢܐ ܢܘܗܪ
ܕܘܒܪܝܟ. ـ ܢܗܘܐ ܢܗܘܢ ܕܡܠܐ̈ܟܐ[10]: ܘܬܬܕܡܘܐ
ܒܕܡܘܬ ܕܡܫܐ. ـ ܕܟܠ ܩ̈ܕܝܫܝܢ ܢܫܬܠܡܘܢ:
ܕܒܗܘܢ ܐܝܬܝܢ ܕܐܠܗܐ[11] ܀
ܐܒܪܗܡ ܕܐܬܐ ܢܦܩܝܢ: ܒܢܝܢ ܐܝܟ ܐܠܗܗ

[1] FG ܩܘܪ̈ܐ. — [2] FG ajoutent : ܘܒܕܒܪܐ ܗܒܝܠ ܕܬܬܕܒܪܘܢܗܝ: ܘܬܬܠܘܫܘܢܗܝ ܠܐ ܒܦܪܨܘܦܐ ܠܗ. — [3] FG ܒܐܢܐ. — [4] C ܡܫܚ. — [5] D ܠܐ ܗܘܝܬ; AC ܠܐ ܐܢܬܝ. — [6] B ajoute : ܡܫܝܚܝܐ. — [7] FG ܐܬܒܪܘ ܒܕܡܘܬ. — [8] DFG *sic*; AC ܐܝܟ ܝܘܣܦ ܒܪܝܫܘ. — [9] ACD ܪܘܚܗ ܐܝܟ ܐܠܝܫܥ. — [10] FG ܢܗܘܐ ܝܘܡܢ ܕܡܠܐܟܐ. — [11] FG ܘܬܬܕܡܘܢ ܕܒܪܝܗ ܐܝܬ ܕܐܠܗܐ.

ܘܟܗܝܡܪ.' — ܚܒܒ ²ܚܕܒ . ܕ ܚܕܒܠ ܚܠܝܐ ܗܬ ܕܗܬܐܦܠܐ ܩܘܡܗܪܟ:

ܢܒܒܠܘܗ ³ܕܝܡܪܝܐܘܕ . ܕܚܕܡ ܢܝܚ ܗܘܐܗܒܠ ܟܒܒܝܐ

ܘܟܒܒܝ: ܩܘܕܒ ܠܗܘܕ ܟܝܕܘ ܗܟܠܒܬܐܝܟ ܗܡܠܒܘܐܘ.

ܘܒܒܢ ܢܘܣܒܚ ܗܕܒܨܚ' ܟܠܐܟܐ: ܗܕܪܘ ܟܕ: ܠܐ ܕܗܕܝܢܝܚ ܗܢ

ܨܡܠܠܨܕ'. — ⁵ܟܠܠܟܐ ܟܒܕ ܚܘܕܐܟܒ ܟܠ ܗܢܝ ܬܘܟܐ: ܗܟܠܒܬܐܘ

ܠܚܘܕܒܚ: ܕܝ ܠܫܝܚ ܟܠܠܠܚܕ ܗܟܐܬܗܒ . — ⁶ܟܗܘܒ ܚܡܕ ܟܝܕܘܗܒܚ:

ܘܟܘܚܚܘܕ ܟܟܚܒܗܕ ܗ ܐܡܒܝܘ . — ⁷ܝܚܠܨܚܐ ܕܗܘܒܨܝ ܝܚ: ܟܠܠܠܚܕܐ⁸ :

ܗܟܠܠܩ ܕܝ ܢ ܫܚܒܘܚ'. — ⁹ܚܘܘܣܡܫܬ ܝ ܚ ܚ ܕܘ ܚ ܕܝ

ܠܚܡܕܬܟܐ: ܗܒܕܢܕܬܟܐ ܕܬܗܘܢܚܐ'¹⁰. — ܗܟܝܕܘ ܟܐܘܒܝܟ

ܟܠܨ ܚܡܒܗܘ: ܗܠܡܢ ܚܝܒܟܠܪ ܝܟܕܟܠ ܕܒܨܕ ܚܕܒܬܨܐ⁘

ܕܗܟܝܒܕ ܝܟܕܟܐ ܗܬܕܕܒܐܠ ܟܠܠܚܝܐ ¹¹: ܟܐܗܒܕܟܐ ܩܘܣܒܚ ܟܝܚܠܐ

ܘܟܚܚܘ . — ܗܕܒܨܕܟܐ ܕܠ ܗ ܚܒܕ ¹²: ܟܠܐ ܗ ܚܒܕ ܐܠܟ ܟܝܚܠܐ

ܗܟܒܨܘܣܒܚ: ܚܝܢܝܒܕܚܐ ܗܘܩܒܕ ܚܕܒܨ ܠܚܒܕ ܗܚ ܩܒ . — ܟܝܒܕܝܗܕ.

ܘܟܚܒܠ ܟܠܨܠܘܟܝܠܪܟ¹³ . — ܩܒ ܗܚ ܠܝ ܠܫܢ ܚܡ ܗܬܟܐ ܟܝܘܟܐ:

ܟܐܟܝܟܐ ܗܪܒܢܒܘܐ ܝ ܚܠܦܨܚ ¹⁴ܟܕܬܒܟܐ⁘⁘

---

¹ FG ܟܗܝܡܪ . ܩܘܝܚܚܕ ܢܝܠܚܒܚ: ܗܠ ܠܬܗܒܣܗܕܬܗܟܐܕ ܟܝܕ ܚܚܝܡܪ
ܩܘܝܚܟܐܘܪ; A ܚܒܠ ܚܚܝܚ au lieu de ܚܝܚܠ . — ² CFG ܕܗܕ .
La version grecque a ϖρίν. — ³ FG ܘܗܕܒܨܕܨܐ . ܗܕܒܨܕܨܕ .
— ⁴ FG ܝܚܚܒܘܚ . — ⁵ FG ܟܠܨܠܘܟܐܕܒ . — ⁶ FG ܚܝܚܒܝܐ
ܗ . ܠܟܐܟܚܕ . ܕ ܟܐ ܗܕܒܐ ܗܬܟܐܕܗܕ ܗ ܠ ܐܡ ܗܢ ܬܘܟܐ ܟ ܐܬܗܒ ܠܚ ܟܠ ܝܚܡܒܟܐ . —
⁷ FG ܝ ܚܠ ܠ ܫ ܝ ܚ ܟܐܬܗܣܒܚ ܘ ܟܠܠܠܚ ܝ ܟ ܡ ܐܬܗܒ . ܟܝܚܠܐ .
— ⁸ A ܚܚ ܫܚܒܘܚ au lieu de ܟܐܗܒܨܕ ; FG ܠܚܒܕܚܕ au
lieu de ܚܚܒܚܘ . — ⁹ A ܚܡܕܬܟܐܕܕ ܝ ܚ ܚ ܚ ; C
ܘܚܡܘܣܡܫܬ; D ܟܠܠܩܘܟܕ ܝ ܚ ܚ ܟܐܬܗܘܐܕ ܝ ܚ ܚ ܚ ܕ ܡ ܫ ܚ ܘ
ܝ ܫܚܒܘܣܚܝ au lieu de ܝ ܚ ܫܚܒܘܚ . — ¹⁰ A ܝܚ ܕܝ ܚ ܚ ܚ ܟܐ
ܝ ܚܫܚܣܣ ܟܩܘܪܒ ܝ ܚ ܚ ܚ ܕ ܝ ܚܚܒܚܣܒ ܗܕܒܨܕܟܐ ܘ ܩ ܘ ܗ ܐ ܟ ܐ ܟ ܐ
ܟ ܐܬܗܘܚܚ . ¹¹ FG ܟ ܐܕܟܠܟ . — ¹² A ܟ ܐ ܚ ܚ ܕ ܚ ܒ ܠ . — ¹³⁻¹⁴ D

ܠܗܒ ܐܡܗ ܕܪܒܐܠ ܡܗ ܐܘܕܐ ܐܘܗ ܐܟܒܝܘܐܕ; C : ܐܟܒܝܘܐܠܟ
ܐܟܒܝܘܐܠܟ ܐܘܗܠ ܣܘܡܘܩܗܐ _; FG ܣܝܚ ܗ ܐܡܗ ܐܟ
ܐܟܒܝܪܟܐ ܗܠܒܘܐ ܕܡܗܡܘܩܒܘܣ : ܗܣܐܘܩܚ. [14] FG
ܐܪܒܐܟ ܢܡܬܝ ܓܝܠܐܪ (F ܗܒܘܪܒܘܣ) ܐܪܒܘܕܒ :
ܐܘܗܢ ܕܘܒ ܗܐܪܒܘܐܩܘ; C ܘܗܠ au lieu de ܘܠ.

[1] C ܣܘܝܣ; FG ܪܒܘܣܐ. — [2] F ܘܒܘܣܐܟ; G ܐܟܠܒܝ. —
[3] FG ܐܟܒܐܠܘܐܕܗ. — [4] C ܘܒܠܢ: ܐܝܘܒܐܟ; FG ܐܒܠܠ au
lieu de ܐܒܠܒ. — [5] C ܘܒܗܩܣܐܩ ܐܝܘܐܟ; D ܦܣܐܒ
ܐܝܘܐܗܩ. — [6] C ܐܟܒܝܘܚܢܣܗ ܗܐ ܪܝܠܐܥ. — [7] C
ܐܠܒܘܩ. — [8] BFG ܗܒܝܠܚܬ. — [9] B ܐܣܥܒ ܐܘܗܠܘ;
C ce vers manque. — [10] AC ܐܟܒܪܠ ܘܒܝܠܐܟ; FG ܟܘܐܝܠ
ܐܘܗܢܐܟ et ܗܠܒܡܪܝ ܕܡ au lieu de ܗܡܘܠܒܡܪܝ ܕܡ. —
[11] C ܐܟܒܪܝܐܪ, et ܗܡܘܕܒܘܣܐܕܗ au lieu de ܗܡܘܕܒܘܣܐܕܗ.

ܐܬܕܠܬܠ ܥܠ ܠܟ ܡܘ ܐ ܝܪ̈ܟܐ : ܘܫܒܟܐ ܘܐܟܒܠܝܡܘ

ܕܠܠܟܐ ܀

ܐܝܪܐܗ ܐܝܟܒܠ ܡܣ ܝܪ̈ܟܐ : ܓܠܛ ܟܐ ܕ ܡܝܖܕܩ ܥܕ

ܐܢܟ . ܐ ܕ ܪܟܒ̈ܕ ܥܕܡܝܕ ܗܬܕ ܐܬܟܒ : ܐܟܣܘܚܐܟܬܐ

ܠܛܝܖ̈ܡ ܕܢܝܪ̈ܒܐܕ . ܐ ܟܒ̈ܪܟ ܕ ܓ̈ܟܐ ܕ ܠܡ ܥܘ ܠܓܒ

ܩܡܣܩ : ܒܕ ܠܢ ܡܝܚܕ ܥܡ ܐܟܖܒ̈ܐ ܀

ܐܪܝܟܐ ܘܐܟܣܘܡܐ̈ܐܘܐ : ܡܗܪܘ ܗܡܬ ܝܖ̈ܟ̈ܢܐ . ܐ

ܪ̈ܒ̈ܚܕ ܐܣܘܡܐ ܐܝܪܟ ܗܬܕ : ܐ ܟܬܘܣܘܟ ܐܦ ܐ ܩܡܣܐܪܟ . ܐ

ܩܝܒܘ ܐ ܟ̈ܠܛ̈ܟܐܐܘ : ܓ̈ܒܟܐ ܘܪ̈ܒܡ ܕ ܝܖ̈ܐ̈ܟܝܪ̈ܐ . ܐ

ܥܡ ܝ ܠܩ̈ܦ̈ܠܘ ܗܬܒ ܐܟܖ̈ܝܚܐ : ܕ ܗ̈ܟܠ̈ܒܕ ܐ ܟܘ̈ܠܬܐ ܕ ܐܠܐ

ܫܩ̈ܝ ܀

ܥܕ ܒ̈ܪܟ̈ܝܐ ܠ̈ܝܠ ܗܬ ܩ̈ܣ̈ܚܐ . ܢ̈ܝܣ̈ܚ̈ܐ ܐ ܕ ܐܪ̈ܐ̈ܟ̈ܝ

---

[1] FG ajoutent : ܕܒ̈ܪ̈ܐ ܐ ܟܐܟܐ ܕܡܡ̈ܣܖ̈ܕ ܥܟ ܠ̈ܟ̈ܢܝܘ .
— [2] FG ajoutent : ܒܩ̈ܒܘ̈ܣ ܐܟܐ ܕ ܐܗܒ̈ܟ̈ܠ . — [3] A
ܐ̈ܝܪܟ̈ܦ; B ܐ̈ܝܪ̈ܣܟ̈ܦ; C ܐ̈ܝ̈ܪ̈ܟ̈ܠ. — [4] FG omettent ce qui
suit jusqu'à ܐܟܣܘܚܐܟܬܐ qu'ils lisent ܐܟܣܘܚܐܟܖ̈ܐ. — [5] A ܗܡܬ
ܐ̈ܟ̈ܪ̈ܦ. — [6] A ܐ ܟ̈ܘ̈ܣܡܕ; C ܐ ܟ̈ܝܪ̈ܣܟ̈ܐ; FG ܐ̈ܝܪ̈ܟ
ܐ̈ܝܪ̈ܣܘܐ̈ܟ̈ܐ. — [7] C ܐ̈ܝ̈ܒ̈ܣܐ̈ ܟ̈ܪܒ̈ܣ̈ܘ ܐ̈ܟܖ̈ܝܚܘ; FG
omettent ce vers. — [8] A ܐ̈ܝ̈ܣ̈ܘܐ̈ܟ̈ܐܘ; FG omettent ici ce vers.
— [9] FG (sic) ܐ̈ܝ̈ܣܘ̈ܣܘܐܘ ܐ̈ܝܖܘ̈ܖܐ̈ܐ. — [10] C ܐ̈ܟ̈ܝ̈ܠܘ̈ܦ
ܐ̈ܦ̈ܠ̈ܩܘ; D ܐ̈ܠܠ̈ܛܟ̈ܘ ܐ̈ܝ̈ܠ̈ܘ̈ܦ̈ܐܘ; FG ܐ̈ܝ̈ܣ̈ܠ̈ܘ̈ܦ̈ܩܘ
ܐ̈ܝ̈ܚܖ̈ܐ̈ ܐ̈ܝܖ̈ܘ̈ܐ̈ ܐ̈ܝ̈ܟܘܖ̈ܡܘ ܐ̈ܝ̈ܖ̈ܒ̈ܪܘ. — [11] A
ܐ̈ܝ̈ܝܖ̈ܒ̈ܕ; FG omettent ce vers. — [12] C ܐ̈ܩ̈ܦ̈ܠܘ̈ ܠܟ ܥܡ
ܐ̈ܝ̈ܪ̈ܚܐ; FG ܐ̈ܐ̈ܝ̈ܪ̈ܣ̈ܡ ܐ̈ܠ̈ܩ̈ܣ ܡ̈ܠ̈ܓ. — [13] FG
ܐ̈ܝܖ̈ܫ ܐ̈ܠܐ ܐ̈ܟ̈ܠ̈ܘ̈ܖ̈ܘ et ils ajoutent : ܐ̈ܝܦ̈ܖܨܘ̈ܕ
ܡܬܢܡ ܐܠܠܗ .

ܠܐ ܕܒܬܪܗܿ . ‏ܘܗܐ ܢܦܩܐ ܕܐܬܐ ܐܠܐ ܒܐܡܪ ܢܒܝܐ: ܠܝܐ
ܪܘܬܐ ܕܒܬܪܗ܏.[2]

XVI. ܘܗܘܐ ܕܠܓ ܢܐܫ ܐܟܕ ܕܗܐܕܘܗ ܕܐܘܢܝܪ : ܒܕܠܒܐ
ܚܠܐܢ ܟܐܕܘܢܐ[3] . ܐ ܡܠܟܝܐ ܘܐܒܕܗܫܐ
ܘܝܘܐ : ܘܝܐܡܘܣ[4] ܘܝܘܝܘ ܥܠ ܫܒܥ . ܐܐ ܓܠܠܐ
ܦܘܪܐ ܐܝܘܗ : ܕܐܟܝܐ ܠܝܕܗ ܕܚܝ ܩܝܘܗ ܠܕ . ܗܘܘܐ
ܐܟ ܓܐ ܦܟܐ : ܟܕܕܒ ܡ ܘܢܝܫܚܪܐ ܠܓܐܩܘܬܐ .
ܐܫܒܐ ܐܠܣܐ ܠܕܒܝܪ ܕܚܒܘܗ : ܘܠܐ ܐܕܘ ܚܪܝܩ ܕܠܐ ܫܠܐܝܗ
ܪܝ ܘܪܒܝ . ܐܢܘܗ ـ ܐܠܐ ܠܓܝܪ ܐܝܬ ܗܘܐ ܦܪܝܢܐ :
ܐܝܢܝܐ ܣܘܘܚ ܠܒܕ . ܐܠܕܝܘܐ . ܐܬܪܝܟ ܐܝܐ ܗܘܘ
ܢܚܩܕ : ܐܪܕܐ ܒܐܫܐ ܦܟܫ ܕܚܪܠܟܐ[6] . ـ ܘܒܒ
ܥܠ ܕ ܒܕ ܐܫܢܝܐ ܚܒ : ܘܣܒܐ ܒ ܕܒܐ ܘܣܒܐ ـ
ܘܦܘܪ ܐܝܟ ـ ܕܚܝ ܐܝܟ ܘܐܢܝ : ܐܬܪܘܒܐ : ܘܦܘ ܘܗܬܐ
ܘܦܘܣܐ ܘܣܦܪ ܚܠܩܕܗܐ[7] . ܐ ـ ܠܟ ܠܥܠ ܟܠܝ ܚܒܝܪ ܝܥܘܣܘ :
ܐܠܐ ܦܟܐ ܕܒܝܪܐ ܠܚ ܟܠܝܢ . ـ ܗܘ ـ ܗܘ ܕܪܝܐ ܐܪܟܪ
ܐܝܢ . ـ ܡܗ : ܡܘ ܩܘܝܢܐ ܟܠܦܐ ܐܘܝܢ . ـ ܐܘܝܟ[8]
ܚܘ ܗܒܝܕ ܐܝܢܢ ; ܕܬܚܕܬ: ܡܚܣܝܕ ܐܠـܝܟܐ ܕܐܟܪܐܕܗܝ܏ ـ

---

[1] D ܘܗܐ ܠܐ ܠܐ ܕܐܬܒܪ ܕܒܬܪܗ. — [2] A ܒܐܡܪ ܢܒܝܐ ܠܝܐ
ܪܝ ܒܝ ܠܘ ܡܢ ܗܿ ; C ܪܘܬܐ manque; FG ܠܐ
ܪܘܬܐ ܘܗܘ܏ܠܡܬܚܿܘܝܬ ܐܒܪܕܫ, et ils omettent tout ce qui
suit jusqu'à la fin de l'histoire de Moïse et des Magiciens. — [3] C
ܫܡܝܐ. — [4] C ܘܝܘܝܘ: ܘܝܐܡܘܣ. — [5] C ܣܠܒܐ
ܕܒܚܩܡ܏ ܘܐܟܝܪܒ ܐܝܐ ܗܘܘ. [6] D finit ici. — [7] C
ܘܐܟܪܕܗܿ ܘܐܟܦܪܗ ܟܕ܏. — [8] \ ܦܩܝܪܝܝܐ
ܐܝܟ . ܐܢܘܐ ܕܦܟܐ.

ܦܩܝܠܟܐ. ـ ܘܣܠܥܝܘ ܗܘܐ ܗܠܚܒܝܬܐ܂ ܘܗܝ

ܡܝܗܘܐܝܐ܇ ܠܟܐ ܚܟܐܝܐ ـ.. ܕܪܩܦܠܠ ܚܠ ܐܠܟܐܠܐܟܐ܄

ܥܘܗ ܕܟܐܢܟܐ ܟܐܪܝ ܗܟܐܝ ـ. ܘܕܝܚܕܐ ܠܕܢܟܐ ܗܝ

ܐܗܟܐ܃ ܗܕ ܗܘ ܢܘ ܥܘ ܕܟܐܢܟܐܐ² ܝܘܗܐ. ـ. ܘܗܟܠܝܕܐ³

ـ. ܟܐܥܝܘܗܐ ܗܠ ܟܐܘܢ ܐܠܐ ܠܟܐ. ܠܠ ܕܝܢ ܗܘܢ ܕܐܟܐܢܐ܃ ܠܟܐ ܠܝܘܢ

ܠܝܘ. ـ. ܘܗܕܟܐܢܟܐ ܗܝ ܡܘܕܢܟܐܘܗܐ܃ ܪܩܠܕ ܗܒܚ ܗܒ

ܣܒܠܘ ܘܗܘܪܐ ܟܐܐ⁵. ـ. ܚܘܠܟܐ ܗܘ ܕܟܐ ܙܘܟܐ ܠܥܩܕܐܟܐ܄

ܘܗܟܠܝܕܐ. ـ. ܩܘܦܩܥ ܠܝ ܢܗܬܕ ܦܠܐܝܐ܃ ܠܟܐ ܠܝܘܩܣܗ

XVII. ܚܘܒܚܟܐ ܢܪܚܟܐ ܢܘܗ ܠܘ ܡܗܪܝܟܐ܃ ܘܠܘܚܒܚܟܐ

ܡܘܪ ܟܐܠܐܟܐ. ـ. ܘܠܕܚܘܝ ܗܝ ܕܟܐܘܡܪ ܠܟܐ ܙܝܘܣܕܐ܃

ܘܝܘܗܕܩܟܐ ܠܟܐ ܢܩܡ ܗܝ ܦܘܗܕ. ـ. ܠܚܟܐܢܬܝ ܕܗܘܢܟܐ

ܡܝܘܗ ܟܐܝܢ ܠܝܘܐ܃ ܘܠܬܩܠܠܗܕܚܒܝܢ⁷ ܠܟܐ ܪܝܘܚܕܐ. ـ.

ܘܗܗܕܚܢܝ ܠܘ. ـ. ܚܢܝܕܪܝ ܟܐܝܘ ܠܝܢܐ ܚܒܩܟܐ܃

ܘܢܟܐܘ ܕܗܗܪ܃⁸ ܪܚܒܘܚܗܘ. ـ. ܘܠܬܚܚܚܝܚ

ܬܒܚܟܐ⁹ ܕܟܐܪܗܟܐ܃ ܗܝ ܠܠܘ ܕܟܐܒܟܐ ܢܦܩܦܐܘ. ـ.

---

¹ C ܟܐܘܪܚܘ ܟܐܝܚ. — ² C ܟܐܪܝܘܐ. — ³ A

ܕܩܦܠܠ. — ⁴ A ܘܗܟܠܝܕܐ. — ⁵ C ܟܐܗܘܚܘ. — ⁶ A

ܠܚܟܐܢܬܝ. — ⁷ A ܚܝܠ ܟܐܠܐܟܐ ܟܝܘ ܐܘܟܐ ܚܠܕ. — ⁸ C ܕܗܬܘ. — ⁹ A ܠܚܒܩܟܐ.

ܫܠܡ ܕܠܟ ܕܐܠܟ ܕܩܘܡ: ܘܕܟܐܢܝ ܘܣܝܪܟܐ
ܘܠܟܘܣܝ ܟ ــ . ܚܠܝܦܬ ܘܟܘܝܟܐ ܕܠܟܒ ܟ:
ܘܐܬܘܗܢ ܟܘܘܗܢ ܣܝ ܝܝ ܡܥܠܝܟ[1]. ــ ܥܣܘܝ ܘܩܘܘܐ ܟܘܗܢ
ܗܣܘ ܝܒܠܘܗܢ ــ ܘܐܟܝܘܪ[2]: ܘܟܪܝܟܐ ܟܐ ܘܟܣܘܘܐ ــ.
ܘܘܢܘܝ ــ ܐܬܟܗ ܟܐܘܟܘ ܟܟܝܟ ܘܘ: ܟ ܒܣܣܘܗ
ܕܘܠܟܐܟ ܟܝܠܒ ܣܘ ܐܐ ــ ܐܟ ܗܡ ܚܟ ܗܥܘܟܠܝ: ܘܟܘܪ ܟܠܕ ܟܒܐ:
ܘܟܘܟܐ ܟܐܘܟܠܐ ܣܝ ܥܒܣܘ ܟ[3]. ــ ܗܣܘ ܝܠ ܒܥܘ ܟܘ ܟܠܕ
ܘܘܢܝ: ܒܘܝܟ ܗ ܒܠܟ ܘܝܣܘܪܗ ܟܐ ــ ܟܠ ܟ[4].
ܐܟܐ ܘܕܒܐ ܟܘܪ ܕܒܠ ܟܐ: ܟܐܢܝ ܒܝ ܕ ــ. ܟܠܐ ܘܕܘ ܟܝܠ ܕܬ ܘܩܘܐ ܣܝܐܟ
ܣܣܘ ܘܘܟܘܝܟ ܣܝ ܟ ܘܠܐ ܟܐܟܠܝ ܣܝ ܟ ܟ ܟܝܒܠ ܟܝܪܟ
ܣܘܩ ܘܟ ــ. ܟܝܐܟܗ ܘܟܠܐܟ ܗܒ ܟܗܘܟ ܣܝ[5] ܘܟܐ ܟܘܒ
ܒܘ ܒܘ ܟ: ܟܝܐܢܟ ܝܝ ܘܗܒ ــ ܣܒ ܣܩܒ ܟܘܣܒ
ܘܟܝܒ ܒ ܘܘܗ ܐܟܐ: ܟܐ ܟܠ ــ, ܘܣܘܝ ܟ ܒܝ ܣܝ ܟܣܘܟܗ:
ܘܠܟ ܚܝܢܝ ܣܝ ܘܩܝܣܘ ــ. ܘܩܘܣ ܟܣܝ ܝܝܘܟ ܟ ܐܟܐ
ܟܘܘܝ[6]: ܟܐ ܘܠܐ ܟܘܠ ܘܒܝܝ ܠܟܒ ܘܗ ܟܘܟܒ ــ. ܟ ܝ ܒ ܟ
ܠܠ ܝܢ ܐܟ ܐܘܗ ܟ ܟܣܘܝܟܐ ܘܘ ܗ ܟ ܘܘ ܟܝܪ, ܒܝ ܟܝܘ
ܟܠܕ: ܟ ܘܩܘܣ ܟܝܐܟ ܘܒ ܟ ܣܝ ܘܝܣܝ ܟ ــ. ܘܗ ܟܠܟ
ܟ ܟ ܟ ܘܒ ܟܣܟ ــ. ܣܝ ܒ ܟܠܕܟ, ܘܒ ܟ ܟܘܗܝ, ܘܘܗ ܣܘ
ܘܒܘܟ[8]: ܟ ܘܘ ܟ ܣܒܘ ܟ ܣܣܒ ܘܘܢ ܣܘܝ ⸪
ܟ ܟܝܐ ܟ ܘܟܐ ܘܘ ܟ ܟܝܒ: ܟ ܘܣܝ ܘܟܘܟ ܘܠܟ ܟ
ܒܘܟܝ[6]. ــ ܟ ܘܝܟܒ ܘܟܘܟ ܘܘ ܟ ܐܝܪ ܘܘ ܟܒ ܒ: ܟ ܟ ܝ ܘܝ
ܘܟ ܟ ܠܩܘܗ ܟܘܘ ــ. ܟܝܘ ܘܘܗ ܟ ܟܐ ܟܝ ܟ ܝ ܟ[9]:

———————————————————————
¹ C ܟܝܠܩ ܩܘ ܒ ܘܐܟ. ــ ² C ܟܝܝ ܒܒܝ ـ ܘ ܣ ܘ ܒ ܣ ܣܘ ܣ.
ــ ³ A ܗ ܘܟ ܣ ܣܘ ܒ ــ. ⁴ C ܠܟܩ ܒ. ــ ⁵ C
ܟܐܟܠ ܟ ܘܗ ܗ ܘ ܒ ܘ ܒ. ــ ⁶ C ܟ ܘܪ[ܘ] ܘܘ ܘ ܒ ܟ.
⁷ A ܟܝܐܗ. ــ ⁸ A , ܘܗ ܟ. ــ ⁹ A ܟܣܘ ܟ.

XVIII. ܗܒܓܕܗ ܐܠܗܣܟܐܕ̇, ܩܘܗ̣ܣ̣ܩ̣ܐܪ̈ܕ̣: ܘܡܘܗܝܘܗ ܗܩܗܗܩܗܠ

---

[1] C ܗܒܟ. — [2] C ܗܡ. — [3] A ܘܣܘܝܣܗ. — [4] C ܡܟܒܚܣܝ
ܗܒܟܐ ܗܟܬܚܣ. — [5] C ܘܗܟܗܒܣܘ. — [6] C ܠܟܐ ܗܦ̇ܗܠ̣
ܗ̣ܠܗܒ̣ܒܣ̣ܗ ܗܡ, et il omet la ligne suivante. — [7] A
ܐܟܗܗܝܒܗ̇ܟܒܗܗ. — [8] C ܗܟܠܗ. — [9] A ܣ̣ܟ̣ܒ ܘܪܗܘܐܪܟܐ
ܐܟܗܘܪ̈ܗܟܒܗ. — [10] C ܓܠ.

ܟܘܒ ܕܗܒܐ ܘܟܐܢܐ : ܡܗ̈ܘ ܗ̈ܘܐ ܐ ܠܥܡܠܬ ܕܗ ܕܢ
ܒܕܝܢ̇ . ܘܗܘܐ ܕܝܢ ܒܪ ܐ ܕܐܠܗܐ : ܐܟܘܠܝܐ ܐ
ܗܦܟܬܗܘܡܗܐ ܟܐܝܘ ܚ̇ܝܠܬ ܐ . ܘܐܗܕܝ ܘܐܝܟ ܝ ܠܬܢ ܐ ܘ
ܐܬܘܢܕ ܟ . ܘܒܕ . ܐ ܬܠܡܗ̈ܝܐ ܐ ܟܐܚܙܐ : ܐܬܐܕ̈ܗܐ ܠܝܐ
ܠܐ ܓܝܟ ܒܡܠܝܟܐ : ܐܘܐ ܐܘܘܗܐ ܕܒܙܪܝ̈ܬ ܐ ܟ . —
ܡܗܕܝ ܗܘ ܝ̈ܕܝܪ ܠܝܗ : ܘܢ̈ܘܝ ܐ ܠܝܐܦܐ ܐ ܠܠ ܗܡܪ
ܢܘܗܕ . ܗ ܕܝܢ ܕܡܗܒܕ ܗܡ ܕܐܚܟܠܬ ܐ : ܘܐܬܐܕܟ ܐܠܠܗ
ܗܡ ܝ ܪܘ ܠܗ ܗ :.

ܗܕ ܠܢ̈ܐ ܐ ܠܬܗ̈ܪܐ ܕܗܗ̈ܪ ܐ ܟܐܚܙܐ : ܘܢܦ ܩܡ ܚ̈ܗܬ ܐ ܪܟ
ܟܚܪܝ̈ . ܗ — ܗ ܠܠܠ ܗܠ ܡܗ ܩܦܚ̈ܗ ܐ : ܐ ܕܟܐ
ܗܦܡܗ̈ܘ ܪܝܢ ܕܡܝ̈ܢ ܗ — ܚ ܐ ܕܦܗ̈ܝ ܒܗܗ ܝ ܗ
ܗܦܢܘ ܝ . — ܪ ܦܝܟ . ܘܐܗܕܝ ܐܠܠ ܐ ܠܝܗ̈ܢܗ ܕܝ ܐܦܬܗ̈ܐ ܐ
ܠܒܟ ܚܒܠܡ ܡܠܗܟ : ܘܐܗܕ̈ܗ ܚ̈ܢ ܗܠ ܐ ܘܐܫܙ̈ܝ ܗ ܒܗ ܟ ܗ ܕܡܗ̈ܕ ܡܗܘܐ,
ܗܦܡܗܐ — ܗ ܐ ܘܐܬܗ̈ܪ ܐ . ܘܠ ܐ ܕ : ܐܟܝ̈ܪܬ ܐ ܗܘܐ ܐ ܕܗܗܐ ܘܐܠܠܗ : ܘܠ ܐ ܐܘ̈ܪ ܐ
ܗܘܐ ܕܗܕܚܠܦܠܠ ܠܗ ܝ . — ܗܝܗܝ , ܕܗܟܠܠ ܐ ܟܐ ܠ ܟ ܕܘܒ ܠ ܐ
ܡܗܘܗ : ܟ ܝ ܘܗ̈ܢ ܗܘ ܐ ᵗ⁰ܗܘ ܐ ܕܡܗܒܠܦ ܗܘܐ . ܘܐ ܐܝ ܟ ܐܘ̈ܝ ܠܗܟ̈ܪ ܐ
ܗܠ ܐ ܝ̈ܢ ܠ ܟ : ܝ ܝ ܡܗܝ̈ܢ ܗܟ ܐ ܕܐܝܘܗܐ ܠ ܟ . — ܘ ܐ ܟ ܕ ܗ . ܝ̈ܪ
ܐܟ ܐ ܐ ܗ ܠ ܐ ܝ̈ܝܐ ܟ : ܝ ܝ ܟ ܐ ܠ ܐܗ̈ܬ ᵗᵗ ܐ ܠ ܗ ܟ ܐ ܚܗ̈ܘ ܘܝ̈ܘܗܝ ,—
ܟܝ̈ܘܢ ܐ ܕܐ̈ܪ ܗ ᵗ² ܝ̈ܕ ܐܘ̈ܪ ܐ : ܝ ܝ ܗ ܒ ܝ ܗ ܟ ܐ ܘܗ̈ܚ ܐ ܟ
:. ᵗ³ ܐ ܠ ܗ ܟ

ᵗ C ܗܟܗ̈ܡܗ ܗ . — ² C ܗ . ܪܝ ܝ . — ³ C ܐ ܗܗ̈ܩܝ ܐ . — ⁴ A
ܒܐܟ ܗ̈ ܐ ܩ ܪ ܗ . ܪ . — ⁵ C ܐܗܟܗ̈ܚ ܐ . — ⁶ C manque ܠ ܝ ܝ̈ܢ .
— ⁷ C ܗ ܠ . ܗܘ ܐ ܩ ܗ ܡܗܟ ܠܠ ܗ ܡ ܩ ܟ ܦ ܪ ܝ ܗ ܟ . —
⁸ C ajoute ܠ ܠ ܗܟ ܐܚܟ ܐ ܘܗ ܠ ܝ ܐ ܐ ܗ ܟ ܠ . — ⁹ C ܗ ܠ ܐ
ܗ ܠ ܠ ܗܗܕ ܝ ܗ ܟ ܝ ܪ ܝ ܗ . — ᵗ⁰ A ܗ ܪ ܝ ܐ . — ᵗᵗ A ܐ ܗ ܠ ܐ .
— ᵗ² C ܝ ܐ ܝ . — ᵗ³ A ܗ ܐ ܐ ܠ ܗ ܟ ܐ ܗ ܗ ܡ ܐ ܚ ܟ ܗ ܝ ܝ .

---

¹ C ܘܗܦ_ܝ_ܒ_ܩ_ܚ_ܐ_ܕܐ ܒ̈ܠܟܚܚ. — ² AE ܝܒ̣ܚ. — ³ C
ܘܗ̈ܟ_ܝ_ܐ, ܘܗ_ܣ_ܒ_ܣ_ܚ ܗܣ ܗ_ܘ_ܘ_ܚ_ܕ ܟ̣ܚܪ. — ⁴ C omet le vers
précédent. — ⁵ Dans C une lacune d'un folio. — ⁶ E manque
ܗܡ. — ⁷ E ܙ̈ܡ_ܚ ܠ̣ܥ_ܣ_ܚ. — ⁸ A ܣܟ_ܝ_ܚ.

ننظر بحذافيره : انجبها هو الله وهو هبه ܡ . ܗܘ ـ ܐܣܘܩܘܗ : ܐܠܠܗ ܘܐܚܕ ܘܚܕ : ܘܗܐ ـ ܗܘܐ'
ܐܚܢ . ـ ܘܗܘܘ ـ ܠܓ̈ܕܐ ܐܟ̈ܐ : ܐܠܬܠܝ ܣܠܡܫ
ܘܗܘܐܬܐ . ـ ܠܟܠܐܟܐ ܥܠ ܐ݈ܢܫܐ ܠܝ : ܘܗ̈ܕܐ'،
ܣܠܟ ܣܦܚܝ ܠܝ . ـ ܘܠܡܟܘܐ ܘܡ̈ܕܗ ܕܠܟܘܡܗ :
ܟܝܬܢܝ ܠܝ ܕܠܟܐ ܐ݈ܟܐ . ـ ܘܐܝܟܗ ܒܠܟܝ̈ܐ
ܘܢܫܝ ܠܝ . ـ ܘܕܗܡܠ ܡ ܠܓ̈ܕܐ ܦܐܟܐ . ـ ܒܟܝܢܝ
ܕܓܒܠ ܐܟ ܗܝܦ : ـ ܘܗܘܠܡܝ ܡ ܡܝ݂ܠ ܘܒܝ̈ܕ . ـ
ܘܗܘ ܐܥܡ ܥܝܟܗ ܠܓ̈ܕܐ ܕܐܬܐܗܘܗ : ܘܗܒܐܪܐ ܠܠܡ
ܘܗܘܐ ܠܝ . ـ ܘܕܠ ܐܠܟ ܐܟܬܝ̈ܕ ܢܝ̈ܕܝ : ܕܬ̈
ܘܗܣܘܡ ܠܘܣܡܕ ܚܕܝ . ـ ܐܦ ܠܓ̈ܐ ܥܝ̈ܐ ܕܠܠܟܐ
ܐܬܘܪ; ܒܠ̈ܝ ܘܒܚܘ̈ ܠܟ ܕܒܝ݂ܣ ܐܟ ܐ݈ܟ . ـ ܐܟ̈ܐ
ܐܣܡܐ : ܗܝ ܘܟܐ ـ ܘܟܐ ܣܘܡ ܟܗ̇ܝ ܠܝ̈ܗ ܕܒ̈ܢܝܐ :
ܘܗܘ̈ܐܬܐ' ܗܡ ܣ̈ܟܐ : ܟܝܟ ܕܗ ܣ̈ܟܐ : ܐܟ̈ܐ ܐ݈ܟ̈ܐܬܗ
ܘܗܘܝܗ . ـ ܘܐܬ̈ܘܗܬܐ ܦ̈ܝܟ̈ܠܐ : ܒܝܘܡ ܦ̈ܕ̈ܒ̈ ܩ̈ܘܗ̈ܝ
ܕܠܟܐ ܘܬܡܝ̈ܢ . ـ ـ ܘܗ̈ܕܐ ܦܠܡ ܦ̈ܝܟܐ ܘܬܡܝ̈ܙܢ :
ܘܠܡܠ ܘܟ̈ܒܘ ܘܗ̈ܕ ܟܝܢ̈ ܝ . ـ ܘܗܕ ܘܗ̈ܙܝ ܐ݈ܝܟ
ܥܟܝܕ ܐ݈ܝܟ : ܘܗܘܒܐ ܘܗܒܐ ܘܒܦ̈ܠ ܘܗܒ̈ܕ . ـ ܘܗ̈ܟܐ
ܣܟ̈ܒܐ ܠܝ ܘܗܐ : ܟܝ̈ܗ ܗ̇ ܘܗܒܝ̈ܐ : ܘܗ̈ܠܬ̈ܝ . ـ ܘܗ̈ܒ
ܦܠ ܘܗܕܡ̈ ܚܣ̈ܣܝ : ܘܒܝܟ̈ܝ ܠܗ ܘܗܝ ܘܗܒ̈ܘ ܘܒܘ̈ܗ .
ܟܝ̈ܘܗ ܘܐ ܐܟܐ : ܘܒܚܝܪ ܐܝܗ̈ܘ ܐ݈ܝܘ ܐ݈ܟܘ ـ
ܒܘܗܕ ∴

ܢܦܘܡ ܕܗ ܘܗܡ ܡ̣ ܘܗ̈ܕ̈ܗܗ ܦ̈ܟ̈ܒ̈ܗ : ܒܚ̈ܘ ܟ̈ܘ̈ܐ
ܘܗܒܘܡ̈ܐ . ـ ܘܐܬܝ̈ܬܗ ܠܝܠ ܘܗܠܐ ܠܓ̈ܘ ܕܒܝ̈ܐ :

1 E ܟ. — 2 ܐ ܘܗ̈ܕ̈. — 3 ܐ ܘܗܣܡ. — 1 ܐ ܘܗܒ̈ܘܬܐܟ.

ܘܩܡܘ ܐܢܘܢ ܘܐܟܪܙ ܗܘܐ ـ ܦܪܝܗ ܫܘܬܗ ܡܢ
ܠܩܘܛ̈ܗܝ : ܗܕܟܦܪܐܕܐ ܟܣܬܝ، ܘܐܢ ـ ܐܢ̈ܝ ܕܗܒ
ܠܓܪܬܝ ܕܪܐܢܝ ܗܘܐ ܥܠܡ : ܗܘܐ ܥܪܒܠܒ ܗܠ ܢܝܪܐ
ܗܘܐ ·:·

ܡܪܢ ܫܝܢ ܟܐܪܐ ܐܟ̈ܪܐܘܢ : ܘܟܣܪܝܐ ܐܢܘܢ ـ ܪܒܝ
ܘܡܪܐ : ܘܢܝܗܕܘܐܠܝ ܪܒܝ ـ ܐܒܠܝ ܐܒܐ : ܐܟܣ ܟܣܡܐ
ܐܢ ـ ܛܒܝܕܬܐ ـ ܐܟܝ ܟܪܝ ܗܠܝܠܬ ܟܠܝܬܐ :
ܟܐܠܗܬ ܐܟܪܪܐ' ܕܝܪ ܗܪܝܢ ܐܢ ـ ܘܐܟܝ ܗܠܝܬܐ
ܕܘܕܐ : ܗܪܝܢ ܟܣܐܕ ܐܢ ـ ܗܢܝܗܘܬܐ ـ ܘܐܟܝ
ܟܣܡܐ ـ ܘܐܟܝ ܗܢ ܟܐܠ ܫܐܟܝܕ : ܘܐܡܒܕܐ ܟܠ ـ ܪܒܝ
ܗܒܝ̈ܟ ـ ـ ܒܗܕ. ܘܗܡܪܗܐ܇ ܫܝܣ ܟܣܒܢܝ
ܕܠܒܗ : ܟܦ ܣܘܕ ܗܠ ܟܐܦ̈ܝܗܘܢ ـ ܐܟ
ܣܒܝ̈ܗܐ ܟܪܘܪ : ܐܘܢܝܐܕ ܐܣܒܐ ܗܟ ܪܒܝ ܐܟܬܝܪܐ,
ܗܡܐܠ. ـ ܘܐܒܠܝ ܪܒܝ ܐܟ̈ܠܝܗܘܢ : ܒܗܡܝ̈ܟ
ܪܗܟ ܘܗܘܡ ـ ܘܟܢܪܝ ܗܘܘ ܗܘܡ ܠܗܘܢ
ܐܟܪ̈ܝܗܘܢ : ܗܒܗܟ ܐܟܝܐ ܗܡ ܫܟܣ ܗܡ ܠ ܟܪ̈ܝܐ. ـ
ܕܠܗ ܚܝܣ ܐܟܐܠ ܗܢܝܐܒ : ܟܣܐܠ ܠܟܣ̈ܒܘܡܝ, ܐܝܟܐ
ܘܗܐܟܪ ·:·

ܡܒܠ ܣܗܟ ܣܪܗ ܗܒܓܠܝܐ ܘܗܢܝܟܐ : ܘܣܪ̈ܝܗ ܢܗܬ
ܘܗܟܣܐ ـ ܐܟܝ ܪܒܝ ܟܪܗ ܗܒܐܟܐ ܗܒܝܗܘܒ ܠ ܗܢ :
ܘܒܝܗܪܗ ܠ ܠܗܟܠ ܟܣܐܟ ܕܐܟ'. ـ ܟܗܢ ܕܗܒܓܝ
ܟܠ ـ ܐܠܘ ܐܟ ܐܟܗܪ ܘܡܣܐܒ.ܗܒܕ ـ ܫܘܪܐ ܟܠܗܟ

¹ A ܐܟܠܗ. — ² A ܗܒܕ. — ³ E ܦܣܝܣ. — ⁴ E ܡܢ.
— ⁵ E ܠܒܝܪ ܟܣܐ.

---

¹ E omet ce vers. C reprend ici. — ² C ܘܐܬܒ̈ܝ̈ܐ̈. — ³ A
omet : ܪ̈ܝ̈ܒ̈ ܡ̈ܒ̈ ܕ̈ܒ̈ ܡ̈ܕ̈ܝ̈ܒ̈. — ⁴ C ܪ̈ܒ̈ܐ̈ ܐ̈ܟ̈ܒ̈ ; AE
ܠ̈ܒ̈ au lieu de ܕ̈ܒ̈. — ⁵ C ܒ̈ܠ̈ܒ̈ܣ̈ܐ̈. — ⁶ A ܒ̈ܪ̈ܐ̈
ܡ̈ܒ̈ܝ̈ ܒ̈ܪ̈ܕ̈ : ܐ̈ܟ̈ ܒ̈ܣ̈ܐ̈ܐ̈. — ⁷ A ܪ̈ܒ̈ au lieu de ܠ̈ܒ̈ ;
C ܒ̈ܠ̈ܒ̈ ܐ̈ܠ̈ܒ̈ ܠ̈ܒ̈. — ⁸ E ܕ̈ܒ̈ܝ̈ܪ̈ܝ̈ܒ̈ ; C
ܐ̈ܟ̈ܒ̈ܣ̈ܐ̈ ܐ̈ܣ̈ܘ̈ܐ̈ ܐ̈ܟ̈. — ⁹ A ܘ̈ܐ̈ܠ̈ܒ̈ܐ̈. — ¹⁰ A

ܠܐܝܩܪ ܡܗܘ ܩܐܡ: ܒܕܪܒܠܐ ܓܒܪܙܬܗ ܡܗܘ ܠܓܒܝܢܐ ܒܘܪܚܬܐ._

ܚܘܝ ܬܠܐ ܚܠܒ ܕܚܝܪ̈ܬܐ: ܘܐܝܟܘ ܠܬܝܕ ܠܡܗܘ ܫܒܐܟܘ._

ܡܢ ܠܒܘܪܐ ܕܪ ܝܣܡܝܢ ܩܠܝ: ܐܠܐ ܓ̈ܠܝܢ ܟܘܡܗܘܐ

ܚܘܟܐܘܡܗܘܐ, _. ܐܟܠܐ̈ܟ ܐܡܗ ܩܬܒ ܡܗܘ ܠܟ ܐܬܝ: ܐܦܠܟ

ܕܪܕ̈ܝܡܘܬܒ ܐܟܠܐܟ. _ ܐܠܠܟ, ܡܘܕܚ̈ܡ ܕܡܗܘ ܐܟܠܠܐ: ܐܪ̈ܢܐ ܟܡ,

ܐܠܐ ܪܬܫܒܐ ܚܚ: ܒܪܙܬܐ ܠܦܘܕܬܟ. _ ܡܕܒܠ: ܪܬܪ̈ܝ ܪܬܗ ܐܘܟ_

ܐܬܘܪ̈ܬܐ: ܥܪܬ̈ܝ ܐܘܟ ܦܠܟܘܬܐ. _ ܥܩܘܡܬܐ

ܡܗܘܐ ܬܗܕܒ ܒܕ ܚܟܣܝܕ: ܐܠܐܕ ܡܗܘ ܪܬܫܒܐ ܚܘܠܗ ܒܪܕܟܐ:.

ܡܫ ܚܪܐܟ ܡܗ ܟܗܘܐ ܡܗܘܐ: ܘܐܪܟܒܗ ܐܘܟ ܦܩܪ̈ܝ._

ܘܐܬܒܪܝܣܩܘܐ ܡܗܘ ܬ̈ܓܠܐ: ܐܠܠܬ̈ܐ ܟܢ̈ܝܒܐ ܕܕܒ ܠܪܩܣܒܐ

ܐܬܘܕܝܫܘܐ, _. ܡܗܘ ܫܡܥܠܒ ܚܚܝܕ ܟ̈ܒܒܕܘܐ ܡܗܘ

ܟܝܕܚܬ: ܡܗܘ ܕ̈ܩܘܪ ܠ̈ܓܘܐ ܘܬܗܕܫ̈ܝܘܐ _. ܩܠܘܣ ܟܗܘܐ

ܐܬܘܕ̈ܝܚܗܘ _. ܫܦܘܠܐ ܠܒ ܚܪܒ̈ܝܕ: ܘܓܘܠ̈ܦܕ ܟܘܣܕܐ

ܠܓܒܝ: ܒܪܬܫܟܐ ܡܐܬܗ ܕܪܝܪܒ ܬܗܡܘܒܕܒܐ. _ ܡܗ ܟܐܠ

ܟܣܪܝ, ܟܡ ܡܠܓܘܕ ܐܬܝ̈ܪܒ: ܒܪܕܕ ܕܟܠܠܐ: ܡܣܝܪ̈ܝ ܡ ܦܪ̈ܝܙܩܕܒ ܪܥܫ ܠ̈ܝ._

ܕܠܠܓܘܪ̈ܝܐ ܪܝ ܪܟ̈ܝ ܣܡܚ: ܣܗܝܗܘܒ ܦܕ̈ܚܝܡ ܟܠ̈ܠܐ

---

[1] A ܩܘܫܒܐܠ ܒܡܗ̈ܝܕ ܚܒ ܟܐܣܘ. — [2] C
ܒܪ̈ܝ. — [3] C ܘܪܘܣܐ ܒܡܗ̈ܝܚܚ̈ܝ ܐܬܕܪ̈ܟ. — [4] C
ܠܟ̈ܝ. — [5] C ܪܪܦ̈ܝ. — [6] AE ܐܬܚܟ. — [7] AE ܐܬܘܪ̈ܝܦܬܐܟܘ.
— [8] C ܡܗܘ ܡ̈ܟܣܡܘ ܟܪ̈ܚܝ ܡܗܘ ܫܦܘܠܒ ܗܒ. —
[9] E ܚܪ̈ܝܟ ܡܗܘ ܒܪ̈ܟ ܣܦܘܠܣ. — [10] C ܦܠ̈ܝܟܐ.
— [11] C ܟ̈ܣܒ ܡܗܠ ܒܣܡ̈ܝ ܐܬܝܟ ܣܦܘܠ. — [12] E
ܪ̈ܝܬܝ. — [13] A ܠܥ ܡܣ ܡܗ. — [14] C ܟܪܝ ܕܠܠܓܘܪ̈ܝܐ
ܪܥܫ̈ܝ: ܚܒ̈ܝܗ; A ܣܚܒ̈ܝ au lieu de ܣܚܒ̈ܝ.

ܠܐܣܝܪ̈ܝܢ . ܘ ܠܟܐܪ̈ܐ ܐܟܬ݂ܕ ܡ ܣ ܠ ܠ ܘ ܣ ܪ̈ ܟ ܠ ܐ :
.܀. ܟܐܬ݂ܟܬ݂ ܣܝܢ ܡ ܘܟܬܒܓ ܠ :

ܕܟܐܣܐ ܪ ܕܝ ܒ ܪ ܢ ܬ݂ ܗ ܘ ܐ : ܠ ܒܝ ܢ ܚ ܠ ܚ ܠ ܡ ܠܐ ܗ ܘ ܢ
ܟ ܐܣ ܒ ܬ . ـ [1]ܐܟܐܬ݂ . ـ ܘܬ݂ܟ ܣ ܘ ܟܬܒ ܬ݂ܝ ܐܟܐ ܘ : ܡܕ ܗܣ ̄ܡ [3]ܟܐܣ ܗ ܠ ܡ ܘ . ܠ ܡ ܗ ܘ ܡ ܒ ܗ ܕ ܐ ܟ̈ ܝ ܚ ܗ ̈ ܡ . ـ ܒ ܬ݂ ܟ ܚ ܠ ܗ ̄ ܟ ܐܝܣ̈ܪ̄ [4]ܟ ܠ ܗ ܟ ܐ ܠ ܐ ܘ ܟ ܐ ܚ ܟ ܬ݂ ܒ ܩ ܡ ܘ ܚ ܕ ܡ ܣ ܒ ܩ
ܘ ܒ ܢ ـ ܢ ܐ ܠ ܗ ܕ ܐ ܒ ܕ : ܢ ܬ݂ ܩ ̈ ܠ ܒ ܢ ـ ܡ ܠ ܣ ܐ ܩ ـ ܢ ܡ ܗ ܝ ܠ ̈ ܗ ܘ ̈ ܡ [5] ـ
ܟ ܒ ܬ݂ ܠ ܗ ܡ : ܕ ܚ ܬ݂ ܒ ـ ܟ ܬ݂ ܗ ـ ܢ ܡ ܗ ܠ ܟ ܐ ܗ ܘ : ܟ ܐ ܪ ܝ ܬ݂ ܗ ܠ ܣ ܪ ܝ ܬ݂ ܟ ܐ . [6]ܟ ܐܪ̈ ܝ ܚ ܕ : ܕ ܒ ܬ݂ ܪ ̈ ܕ ܠ ܢ ܚ ܣ ܟ ܐ ܪ ̈ ܝ ܬ݂ ܟ ܐ ܒ ܬ݂ ܗ ܡ ܗ ܕ ܒ ܩ ܣ ܡ
.܀. ܟ ܐ ܚ ܒ ܡ ܟ ܐ ܪ ̈ ܘ ܬ݂ ܐ :

̄ ܡ ܐ ܡ ܗ ܕ ܒ ܣ ܡ ܘ ܒ ܠ ܓ ܟ ܐ ܒ ܕ : ܟ ܐ ܪ ̈ ܣ ܒ ܗ : ܫ ܠ ܠ ܐ ܟ ܐ ܦ ܒ ܐ ܪ ̈ ܝ ـ ܡ ܩ ـ
ܫ ܐ ܬ݂ ܗ ܒ ܟ ـ ܢ [7] . ـ ܣ ܒ ܟ ܬ݂ ܣ ܚ ܕ , ܪ ܕ ܒ ܗ ܡ ܣ ܕ ܒ ܟ ܐ : ܚ ܠ ܗ ـ ܟ ܐ : ܟ ܐ ܪ ̈ ܝ ܚ
ܠ ܟ ܐ ܪ ̈ ܝ ܒ ܐ ܕ ܕ ܟ ܐ ܣ ܒ ܚ ܝ ܪ ܘ ܬ݂ . ـ ܠ ܐ ـ ܟ ܐ ܣ ܝ ܚ ܣ ܡ ܘ ܣ ̄ ܡ ܪ ܕ
ܡ ܘ ܟ ܠ ܐ : ܣ ܒ ܕ ܪ ܬ݂ ܟ ܐ : ܟ ܐ ܣ ܪ ܝ ܚ ܗ ܣ ܒ ܪ ܝ ܢ ܐ ܟ ܬ݂ ̄ ܐ [9] .܀.

ܫ ܝ ܚ ܒ ܣ ـ ܢ ܗ ܕ ܒ ̈ ܐ ܠ ܐ : ܪ ̈ ܡ ܩ ܣ ܚ ̄ ܐ ܠ ܐ ܟ ܐ : ܟ ܣ ܘ ܡ ܐ ܟ ܐ ܡ ܘ ܒ ܩ : ܟ ܐ ܘ ܣ ܪ ܡ ܩ

---

[1] C ܐܬ݂ܟ݂ܒ̈ܬ݂ ; E ܐܬ݂ܟܣ ܒ ܬ݂ . — [2] A ܣ ܘ ܡ ܚ ܒ ܬ݂ ܣ ̄ ܡ ܘ . —
[3] C ܠ ܘ ܣ ܟ . — [4] C ajoute : ̄ ܡ ܗ ܣ ܒ ܚ ̄ ܐ ܟ ܐ ܕ ̄ ܐ ܘ ̄ ܐ ܪ ܬ݂ . —
[5] C ـ ܣ ̄ ܡ ܘ ܣ ܚ ܘ ܩ . — [6] C ܚ ܝ ܪ ̈ ܣ ܚ ܕ ܠ ܚ ܠ ܒ ܐ ܕ . — [7] CE
ܐ ـ ܩ : ܢ ̈ ܐ ̈ ܡ ܗ ܕ ; ܡ ܘ : ܪ ̈ ܣ ܒ ـ ܝ ܢ ܦ ܩ ܐ ܪ ̄ ܡ ܣ ܒ ; FG reprennent
ici par ces vers : ܢ ̈ ܒ ܕ ̄ (G ܡ ܘ) ܡ ܘ ܫ ܝ ܚ ܒ ܣ ܚ ̈ ̄ ܡ ܣ ܒ ـ ܝ ܢ ܦ ܩ ܐ ܪ ̄
ܗ ܣ ܚ ܝ ܠ ܗ ܝ ܣ ̄ ܡ ܗ ܘ ̄ ܡ . ܟ ܐ ܠ ܠ ܗ ܕ ܟ ܐ ܗ ܡ ܗ ܣ ܒ ܝ ܚ ܒ ܬ݂ ܩ ̄ ܠ ܐ
̄ ܗ ܣ ܒ ܚ ̈ ܝ ܢ ܦ ܩ ܐ ܪ ̄ ܐ ܬ݂ ܟ ̈ ܐ ܬ݂ ܒ ܒ ـ ܝ ܦ ܠ ܒ ܒ ܐ ܕ ܪ ܝ ̈ ܢ ܦ ܩ ܣ ܗ ܪ ܒ . — [8] CFG
ܗ ܣ ܒ ܕ ܠ ܝ ܟ ̄ ; AFG ܗ ܣ ܒ ܕ ܝ ܣ ܚ ̄ ܐ au lieu de ܗ ܣ ܒ ܕ ̈ ܝ ܣ ܚ . — [9] FG
ܟ ܐ ܠ ܐ ܬ݂ ̄ ܐ ܟ ܬ݂ ܗ ܣ ܒ ܩ ܣ ܒ ܚ ̄ ܝ ܟ ܪ ̈ ̄ ܐ .

XVIII *bis*. ܘܒܝܐ ܣܒܠܬܐ ܗܪܒ̈ܝ̈ ܕܟ̈ܠܗܐ : ܕܒܕܒ̈ ܘܠܐ ܡ̈ܠܓ
---

[1] C ܢ̈ܝܫ ܡܗܘܐܬ. — [2] FG ܠܥ̈ܠܬܐ. — [3] FG ܘܝܪܕܐ.
— [4] A ܡ̈ܗܘܐܬ ܗܘܕܬܗܕ ܗ̈ܠܢ ܡ̈ܣ̈; FG ܢ̈ܝܗܕܐ
ܣܡ̈ܕܘܬ ܐܝܢܟܣܐܪܬ̈. — [5] FG ܐܝܢ̈ܪ̈ܐܘ ܗ̇ܕ; C ce vers
manque. — [6] C ܡ̈ܠܝ ܗ̇ ܘܠܐ ܣ̈ܡܝܚ ܗ̇ܕ; B
ܡܣܩ̈ܦ̈ au lieu de ܠ̈ܡܠ ܗ̇. — [7] B ܡ̈ܦ̈ܩܠ. —
[8] A ܡܣܠ̈ܐܟ. — [9] FG ܡ̈ܠܝ. — [10] F a ici une lacune d'un
feuillet. — [11] G ܡ̈ܣܒܡ̈ܩܕ. — [12] G ܕܗܘ ܒ̈ܣܝ̇. — [13] G
ܕܗܝܘܝܚ. — [14] A a ici ܒܕܒ̈ܣܝ, et plus haut ܒ̈ܐܣ̈ܘܬ.

ܘܐܬܟܦܠܘܗܝ ܠܚܕ ܙܝܪ ܚܠܡܐ ܗܘܡܢ ܠܡ ܐ ܐܬܟ ܐ ܠܐ
ܚܠܘ ܠ ܚ ܐ. ܠܒܫܠܐ. ܐܟܬܝܟ ܗܡ ܐܬܫܘܠܕ : ܚܟܒ ܪܝܒ ܐܪܟ
ܘܚܠ ܣܬܗ, ܚܠܕ ܐܟܐܙܗ, ܐܟܪ ܐܙܪ ܐ ܐ ܢ ܘ ܢ ܟ ܐ ܐ
ܘܕܚܕܗ . ܕܚܠܒ ܒܚܡܠ ܐܬܩܡܘܗܙ ܣܩܘ ܟܐܗܕܚܠ
ܟܪܙܚ : ܐܬܟ ܠܒܙܟܙ ܐܬܙܙ ܐܪܙ ܐܪܚܝܐ ܐܟܐ ܐ ܚ ܩܗ
ܟܗ ܚܬܒܝ . ܐܬ ܐܒܢܟܙܚ ܗܘܡܐܢ ܣܚܝ ܚ ܚ ܪ ܐܬܐܒ :
ܘܩܘܘܗ ܐܒܫܥܙ ܗܕܟܟ ܐ ܐܫܠܠ ܚ ܚ ܚ ܐ ܚ ܒܐ ܗܘܘܡ ܢ
ܘܪܝܒܟ ܐ : ܗܡ ܚܣ ܐܟ ܢ ܚ ܣ ܐ ܗ ܐ ܠ ܐܬܟ ܙ.
ܟܠܚ ܐܟ ܚ ܒ ܠ ܚ ܚ ܥ ܚ ܐ : ܐ ܗ ܐ ܙܝܗ ܙ ܕ ܕ ܗ ܐ ܐ ܟ ܐ ܐ ܟ ܚ ܟ
ܐ ܝܠܩ. ܐ ܥܘܦܩ ܚ ܐ ܗܘ ܠ ܢ ܗܡ ܚ ܚ ܚ ܣ ܗ ܗܡ : ܐ ܠ ܐ ܐ ܟ ܠ ܐ
ܠܚ ܝܐܘܝܐ ܐ ܟ ܪ ܕ .

ܚܗ ܗܠܡ ܐ ܐܟ ܙ ܐܝ ܐܪ ܐ : ܚ ܕ ܐ ܐ ܚ ܚ ܠ ܚ ܚ ܒ ܕ ܐ ܚ ܐ
ܗ ܡܐܗܘ . ܐ ܐܟ ܐ ܒ ܪ ܝ ܚ ܚ ܝ ܟ ܚ ܐ ܗܘܡ ܕܗ ܚܣ ܗ ܐ ܐ ܟ ܐ ܪ ܒ ܚ ܢ : ܐ ܠ ܠ ܗ ܟ ܐ :
ܗ ܡ ܐ ܐ ܟ ܠ ܒ ܢ ܠ ܐ ܬ ܟ . ܐ ܟ ܐ ܟ ܐ ܘ ܟ ܐ ܒ ܚ ܪ ܝ ܗ ܚ ܚ ܐ ܝ ܟ ܪ ܕ ܐ ܝ ܟ ܐ ܢ ܐ ܗ ܬ ܠ ܗ ܡ ܐ ܝ ܚ ܪ : ܐ ܟ ܘ ܟ ܐ ܡ ܠ ܟ ܐ ܗ ܐ ܚ ܘ ܐ ܟ ܐ ܙ ܪ ܝ ܚ ܐ

¹ G ܐ ܟ ܐ ܪ ܒ ܐ ܢ ܝ ܙ ܠ ܚ ܚ ܣ ܐ ܢ ܠ ܐ ܝ ܪ ܒ ܚ ܘ ܐ ܟ ܐ. — ² C ܐ ܗ ܠ ܚ ܘ ܐ ܟ. —
³ G ܐ ܠ ܘ ܠ ܐ ܚ ܟ ܚ ܠ ܚ ܚ ܣ ܐ ܝ ܪ ܟ ܙ ܕ ܗ ܚ ܠ ܒ ܚ ܠ ܕ ܗ ܐ. — ⁴ G ajoute
ܐ ܝ ܗ ܡ. — ⁵ G ܐ ܠ ܝ ܒ ܠ ܚ ܒ ܐ ܗ ܐ ܟ ܕ. — ⁶ C a quelques lacunes dans les
vers précédents; G après ܐ ܪ ܝ ܐ ܟ ܚ ܒ ܣ ܩ, a : ܐ ܠ ܚ ܒ ܐ ܗ ܐ ܟ ܕ
ܝ ܢ ܘ ܡ ܐ ܗ ܐ ܟ ܐ ܬ ܗ ܐ ܟ ܟ ܬ ܐ : ܐ ܟ ܚ ܕ ܐ ܗ ܙ ܪ ܐ ܟ ܗ ܣ ܐ ܟ : ܐ ܠ ܝ ܟ ܝ ܐ ܟ ܪ ܬ ܐ.
ܐ ܟ ܐ ܟ ܠ ܚ ܒ ܚ ܙ ܚ ܡ ܝ ܪ ܚ ܝ ܐ ܟ ܕ : ܐ ܟ ܐ ܦ ܕ ܥ ܠ ܐ ܟ ܐ ܕ ܡ ܚ ܩ ܦ ܝ ܐ ܟ ܪ ܬ.
ܐ ܟ ܐ ܦ ܝ ܘ ܩ ܐ ܒ ܟ ܐ ܗ ܚ ܚ ܠ ܐ ܟ ܟ ܬ ܕ ܗ ܚ ܣ : ܐ ܟ ܚ ܡ ܟ ܚ ܠ ܐ ܟ ܪ ܝ ܐ ܟ ܬ ܐ ܟ ܐ ܡ ܘ ܩ. — ⁷ G ajoute : : ܐ ܝ ܘ ܠ ܐ ܚ ܘ ܠ ܐ ܟ ܝ ܢ ܘ ܡ ܐ ܝ.
ܠ ܚ ܕ ܠ ܚ ܐ ܟ ܐ ܝ ܐ ܟ ܪ ܝ ܐ ܟ ܕ ܐ ܟ ܕ ܒ ܟ ܬ ܐ ܟ ܢ ܐ ܟ ܕ ܝ ܪ ܚ ܐ ܟ ܠ ܝ ܕ. — ⁸ G ܐ ܟ ܘ ܗ ܐ ܟ ܐ ܡ ܐ ܟ ܒ ܐ ܟ ܠ ܠ ܝ ܚ ܟ ܐ ܙ ܪ ܚ ܐ ܟ ܐ ܟ ܝ. — ⁹ C ܐ ܠ ܒ ܝ ܬ ܐ ܟ ܝ ܦ ܐ ܟ ܐ ܦ ܐ ܟ ܝ ܠ ܝ ܚ ܟ ܐ.

A ܪܝܢܬܐ[܀]ܐ au lieu de ܠܕܘܒܛܐ ܟ̇ܐ; G ܠܘܓܒܛܐ ܟܝ
[1] G ܕܟܘܪܒܝ ܚܣܡ̈ܐ ܘܕܒܩܘܡ; C ajoute: ܠܓܢܬܐ
ܗ̇ܠ ܕܪܒܡܐ ܡܕ. — [2] C ܕܚܢܝ̈ܬܐ; EG ܬܚ̈ܢܝܬܝ. —
[3] G ܐܝܟܕܬܒܝܪ. — [4] G ܣܘܡܡܝ ܐܟܣܘܟ ܕܘܣܟܐ. — [5] G
ܠܓܝܝ ܗܘܐ ܗ̇ܬܗ. — [6] C ܘܡܕܘ ܚܟܒܐ ܗܘܐ ܠܗ ܡܝ̇ܠ
ܗ̇ܠ ܕܪܒܡܐ ܕܘ ܠܓܢܬܐ: ܐܟܬܒܪ̈ܐ; G ܘܒܕܡ
ܠܓܢܬܐ ܘܐܟܬܒܪ̈ܝܟ. ܚܢܣܠ ܕܪܒܡܐܪܟܐܬ. — [7] G ajoute: ܘܐܟܣܝܘܡ ܘܝ̇ܢ ܗ̇ܡ ܕܪܒܐ: ܒܐܟܣܘܟܐ:
ܘܘܕܒܩܘܡܐ. — [8] ÆE ܐܘܟܣܝܪ̈ܐ; G omet ܠܘ, mais il a
ܟܒܕܠܠܝ, au lieu de ܐܦ ܠܕ à la fin du vers. — [9] G ܬܠܠܢܝ
ܚܕ, et ܕܚܢ, manque. — [10] C ܕܚܢ, ܠܓܘܢܐ ܠ ܐܟܕ

ܚܟܕܘܣ؛ E (sic) ܚܟܠ ܠܝܐܠܠ ܗܘ ܡܗ ܕܟܐ؛ G omet
ܡܗ, et il ajoute ܐܝܟ après ܚܟܕܘܣ.

¹ G ܟܠܠܝܠ ܗܢ؛ : ܕܢܕ ܠ ܕܝ ܗܟܐܘ ܪܝܢܟܐ ܗܟܐܟܘ
ܗܟܚܘܡ ܗܢ ܥܠܘ ܗܟܐܠܠ. ܕܢܚܪܢܕ؛ ܣܠܝܡ ܗܕܗܘܢܕ. — ² C
ܗܟܐ ܣܚܝ ܪܟܐ (sic) ܗܟܘܕܗ؛ ܗܟܚܟ ܗܘܬ ܗܟܥ ܥܒܬܥܒ
ܗܕܟܥ ܥܕܚܡ ܦܠܝܕܬܢܕܘ ܗܕܟܥ ܥܓܥܡ ܗܕܟܥ ܥܓܝܟܬܚܪ؛ G
ܗܟܠܠܟܐܬ. — ³ CG ܗܟܚܘܡܘ. — ⁴ G ܢܪܝܣ ܣܠܝܬܢܕܘ. —
ܪܡ ܪܚܩܘܕܘܚܕܘ C. — ⁶ C ܕܠܟܐ ܕܗ ܟܐܚܟܕܗ ܪܒܝܣܡ؛ G
et il ajoute : ܟܐܚܟܕܗ ܠܚܘ ܠܡܝ ܪܒܟܐܕ؛ ܗܢܠ ܗܟܐܟܝܟ ܐܝܟܐ
ܗܟܐܠܟ ܣܡ ܗܟܐܚ؛ G comme C, mais ܗܟܚܚܟܐܘ au lieu
de ܗܟܚܟܐܘ, ܗܟܐܚ au lieu de ܠܡܝ, et ܠܝܠܟܕ au lieu de
ܣܡ ܗܟܐܚ؛ dans F la lacune cesse ici. — ⁷ FG ܗܠܕ ܗܟܐܡܗܗܟܐ
ܟܠܠ ܟܠܟܐ؛ ܠܟܠܝܡ ܗܟܠܠܠܠܟܐ ܟܚܢܡ. ܕܥܟܘܗܘ. ܗܟܝܟܕܝܡ. — ⁸ C ܗܪܪܟܐܪܕ؛ FG ܟܢܡܚ ܘܠܘ ܚܟܕܕܘ au lieu
de ܘܠܘ ܘܚܟܕܕ. — ⁹ CFG ajoutent : ܟܢܬܥ ܗܟܠܝܡ ܗܟܠܟܐ
ܟܐܚܟܕܘ, (ܗܟܢܝܣܐܘ C) : ܘܕܚܟܬܢܝ ܕܘܚܟܚܬܪ ܚܟܚܕܘ ; et C
seul : ܗܟܐ ܠܠ ܗܟܡܚܝܠ ܗܟܐ ܠ ܘ ܗܟܐ ܢ ܝ ܪ ܐ. — ¹⁰ FG ܟܢܡܚ

ܠܚܘ : ܡܠܠܠܝܢ ܗܘܘ ܣܘܝ̈ܚܐ ¹ـ . ܕܐܠܐ ܐܚܟ̈ܡ
ܚܘܚ̈ܬܐܘ ܕܪܓ̈ܐ : ܘܐܘܚܝܡ ܠܩ̈ܡܬܐ ² ـܘܗܝ̈ܐ ܐܟ̈ܚ ܟܠܝ ²ـ
ܣܝܪ . ـ ܗܚܒܪܐ ²ܐܚ̈ܟܐ ܠܥܠܐܠ ܐܚܘܡܬܐ ܕܪ̈ܝܣܘܚ ܠܝܪ
ܕܝ̈ܚܒܐ ܟܣܘܘ ܟܐܝܘ ܗܘ . ـ ܐܚܪ̈ܡܚܝ ، ܘܗܘܡ ܠܝܚܐ ܐܚܘܐ
ܐܘܟܝܐ ܬ ـ . ܐܪ̈ܝܐ ܐܚ : ܐܠܐ ܕܗܐܚܚܠ ܩܪܡ ܩ̈ܪ̈ܐ ܐܟܚ̈ܐ ⁵
ܠܟܝܢ ܩܘܡ ܩܪܡ ܕܗܕ̈ܘܬ : ܐܪ̈ܟܝ ـ ܟܝ̈ܚܐܚ ܗܘ̈ܚܐ ، ܗܚܒ̈ܕܚ
ـ⁘ ـ ܚܠܘܣ

ܘܐܪ ، ܚܗ ܠܠܐܚܝ ܩܪܡ : ܩܪܡ ܒ̈ܬܚ ܗܘܐܚ : ܩܪܡ ܠܚܐ ܩܠܐ ܒ̈ܢܚܐ ܕܐܪ̈ܐ
ܘܗܚ̈ܝܐܘ ⁷ـ . ـ ܐܠܐ ܗܕ̈ܐ ܐܠܐ ܐܚ̈ܐܠܘ ܘܐܠܝ̈ܬܚܝ̈ܡ : ܒܟ ـ
ܐܚܠܚܠ ܘ ܠܟ̈ܝܣ̈ܡܚ ، ـ . ـ ܐܠܐ ܕܐܝ ܢܝ̈ܚ ܐܟܝܪ ܐܪ ܟܠ ـ

<hr>

¹ A ، ܐܚ̈ܚܚ̈ܚܘ ـ . ܠܚܘ : ܠܚܘ ، ܠܚܘ ܘܠܠܠ ܘܠܠܠܝܢ ـ . FG : ܠܚܘ
ـ ، ܗܘ̈ܘܝܢ ـ G ، ܐܘ̈ܩܒ̈ܕ C ـ . ² ܡܠܠܠܝܢ ܚܣ̈ܚܝܝܚܘ.
et ܐܚ̈ܬ̈ܚܢ au lieu de ܐܚ̈ܘ̈ܚܝ ; cf. Bar Bahlul, 546, 11 :
ܗܗ̈ܘܩ̈ܘ ـ ܐܠܐ ܐܚ̈ܬ ܗܘ̈ܝ، ܐܩܒ̈ܠܢܝܩ ܕܚܚ̈ܟ̈ܒ̈ܚ̈ܝܚ̈ܚ̈ܡ .ܐܠܐ.
ـ ܗܚ̈ܟ̈ܡ ܚܚ̈ܘ̈ܚܝ ܐܘ̈ܩܒ̈ܕܘ ـ ܐܘ̈ܩܒ̈ܕܘ) (var.
ܘܗܚ̈ܝܐܘ. ـ ܐܪ̈ܐ ܟ̈ܚ̈ܘ̈ܚܝ ܩܪ̈ܚܚ̈ܝ. ـ ³ G ܚ̈ܟ̈ܘܚ̈ܝ au lieu
de ܟ ܠ ، et ܐܚ̈ܚ̈ܚܘ au lieu de ܐܚ̈ܪ̈ܚܘ. ـ ⁴ FG omettent
le vers précédent. ـ ⁵ FG ajoutent : ܗܝ̈ܟ̈ܚܝ ܗܘ ܗܚ̈ܒ̈ܚܘ
ـ (F ܗܝ̈ܟܚ̈ܝ) ܗܐ̈ܪ̈ܘܒ̈ܟܐ. ܐܟ ܚܟ ܟܪ̈ܐ ܗܕܚܚ̈ܘ،
ܟ ܠ aprés ,C ; ܒܚܚ̈ܠܩܘܒ̈ܚ̈ܐ ܐ̈ܩ̈ܒ̈ܚܟ̈ܚܝܘܚ̈ܝ، ܐܚ̈ܡ̈ܠ
ܚܚ̈ܘ̈ܚ̈ܝ ܐܪ̈ܝ̈ܟܚ̈ܐ ... (ܗ̈ܕ̈ܚ̈ܩܘ?) : a , ܐܚ̈ܝܘ،
ܟܪ̈ ܐܟ . ܐܪ̈ܚܟ̈ܐ ، ܗܕܚ̈ܘ̈ܚܝ، ܐܝ̈ܚܚܘ ܗܘ : ܠܚܝ
ܗ̈ܘ̈ܟ̈ܚܘ ܠ̈ܚܟܘܐ ܐ̈ܩ̈ܒ̈ܚܟ̈ܚ̈ܐ ⁘ ܐܒ̈ܟ̈ܠ̈ܩ̈ܟܘܐ ܗܝ̈ܚ̈ܚ̈ܚ̈ܚ̈ܝ
ܐܚ̈ܪ̈ܐ. ـ ⁶ CFG, ܕܗܘ̈ܚ̈ܒ̈ܚ̈ܚ̈ܝ ; FG ܠ̈ܚ̈ܘ ܚ̈ܚ̈ܒ̈ܚ̈ܚ̈ܝ au lieu
de ܠܚ̈ܝ ܐܚ̈ܝ̈ܝ. ـ ⁷ C ܗ̈ܘ̈ܐ ܗܚ̈ܝ ܒ̈ܟ̈ܘ̈ܠ̈ܚ̈ܩ̈ܚ̈ܒ̈ܐ ܐ̈ܠ̈ܒ̈ܐ
; E omet trois vers ; FG ܒ̈ܚ̈ܒ̈ܚ̈ܐ ܒ̈ܬ̈ܚ ܩܪܡ : ܐ̈ܚ̈ܬ̈ܚ̈ܐ
ܐ̈ܚ̈ܒ̈ܠ̈ܟܘ ܐ̈ܟ̈ܚ̈ܐ ܒ̈ܬ̈ܚ ܩܪܡ ܐ̈ܒ̈ܐ̈ܠ̈ܒ̈ܩ̈ܕ̈ܚ̈ܝ ܗ̈ܘ̈ܐ ܗܚ̈ܝ
ܐ̈ܚ̈ܚ̈ܝܘ.

---

[1] C ‏ܖܚܩܬܝ؟‏; F ‏ܦܘܝܪܘ,‏, mais G ‏ܕܚܘܝܩ,‏. — [2] C
‏ܟܐܕܟܠ,ܟ‏ ‏ܚܠܚ‏ ‏ܗܘܒ‏ ‏ܟܠܐ‏. — [3] A ‏ܚܢܝܚ,‏; E ‏ܐ‏
‏ܚܢܝ؟‏ ‏ܚܢ‏, et il transpose les deux vers précédents; F
‏ܐܪܝܪܟܐ‏ ‏ܐܟܘܚܐ‏, manque ‏ܚܠ‏ qui suit; G ‏ܘܟܐ‏
‏ܚܢ؟ܚ‏. — [4] C ‏ܚܠܚ‏ ‏ܡܪܡ‏ ‏ܐܠܐ‏ ‏ܐܦܘܝܟܐ‏. — [5] C
‏ܟܐܕܚܕ‏ ‏ܖܡ‏ ‏ܡܪܡ‏؛F‏ܐܟܖܝܚܕ‏؛ E ‏ܕܐܟܚܖܚܐ‏ ‏ܐܠܐ‏ ‏ܐܟ‏؛ ‏ܐ‏
‏ܐܟܖܟܐ‏؛ E ‏ܚܕܚ‏ ‏ܐܖ‏ ‏ܟܐ؟‏ ‏ܟܐ‏ ‏ܗܘܒ‏ ‏ܐܝܟ‏ ‏ܐܐ‏
‏ܐܡܘܟܐ‏ ‏ܟܠܚ‏. — [6] AEG ‏ܘܚܕܝ‏ ‏ܘܚܖܡܐ‏. — [7] CF
‏ܐܝܚܝܚ‏ ‏ܘܡ‏ ‏ܐܬܝ؟‏. — [8] F ajoute: ‏ܥܟܒܟܝ‏ ‏ܚܠܗ‏

TRADUCTION.

———

TESTAMENT DE SAINT ÉPHREM.

I. Moi, Éphrem, je me meurs et j'écris un testament. — Pour laisser à chacun un souvenir de ce
qui m'appartient. — Afin que, ne serait-ce qu'à
cause de mes paroles, mes connaissances se souviennent de moi. — Hélas! mon temps est achevé
et la durée de mes années est terminée. — La trame
s'est raccourcie et la toile est près du joug. — L'huile
a manqué dans la lampe; mes jours et mes heures
se sont enfuis. — Le mercenaire a fini son année,
et l'étranger a accompli son temps. — Les exécu-
teurs et mes conducteurs m'ont entouré de part et
d'autre. — Je gémis, personne ne m'écoute! Je
supplie, personne ne me délivre! — Malheur à toi,
Éphrem, à cause du jugement, quand tu paraîtras
devant le tribunal du Fils! — Et que tes connaissances t'entoureront à droite et à gauche. — Là sera
ta honte, malheur à celui qui sera confondu là!

Ô Jésus, juge, toi-même, Éphrem, et n'abandonne pas à un autre son jugement. — Car celui
que Dieu jugera, verra la miséricorde au tribunal.

II. J'ai, en effet, entendu dire aux savants, et
j'ai appris des sages. — Que celui qui voit la face
du roi, ne meurt pas, même s'il a péché. — Osée
m'effraie beaucoup par son blâme et ses reproches :

4.

— « Les cheveux d'Éphrem sont devenus blancs, et il n'a pas honte[1]. » — Et encore : « Éphrem est comme une génisse dont l'épaule a secoué le joug[2]. » — Si quelqu'un disait : « C'est d'Éphraïm, fils de Joseph, qu'a parlé Osée. » — Moi, je sais qu'il n'a pas distingué Éphrem d'Éphraïm. — David me réjouit un peu : « Éphrem est l'appui de ma tête[3]. » — Non pas que je veuille me glorifier, Dieu m'en est témoin. — Mais je veux, mes frères, vous donner mes commandements, mes instructions et mes exhortations. — Afin que vous vous souveniez de moi, ne serait-ce qu'à cause de mes paroles. — Venez donc me fermer les yeux, car il est décidé que je vais mourir.

Je jure par votre vie, mes disciples, et par la vie d'Éphrem lui-même. — Du lit sur lequel Éphrem est monté, il ne descendra plus.

III. J'ai supporté la douleur et le fardeau, mais je ne puis plus endurer l'angoisse. — Je place devant vous un signe et j'y mets un miroir, — Afin que vous le regardiez à toute heure, et que vous vous efforciez de l'imiter. — De mes jours, je n'ai injurié personne, et n'ai eu de querelle avec quelqu'un depuis que j'existe. — Avec les renégats, il est vrai, j'ai discuté à toute heure dans les assemblées, — Car vous savez que si le chien voit entrer le loup

---

[1] Osée, vii, 9.
[2] Osée, x, 11. Sur ce verset, voir ci-dessus p. 239.
[3] Ps. lx, 7.

dans la bergerie — Sans sortir et aboyer contre lui,
le maître du troupeau le frappe.

Le sage ne hait personne si ce n'est le sot. — Le
sot, de son côté, n'aime personne si ce n'est le sot
son semblable.

IV. J'en jure par Celui qui est descendu du
mont Sinaï et qui a parlé sur le rocher, — Par la
bouche qui a dit « Eli », et alors les entrailles des
créatures ont frémi, — Par Celui qui a été vendu
par Judas et qui a été flagellé dans Jérusalem, —
Par la puissance de Celui qui a été souffleté et par
la Majesté qui a reçu des crachats, — Par les trois
noms de feu et par l'inspiration et la volonté unique,
— Je n'ai pas douté de l'Église ni de la puissance
divine. — Si, dans mon esprit, j'ai magnifié le Père
plus que le Fils, qu'il ne me soit pas fait miséricorde ! — Si j'ai abaissé le Saint-Esprit au-dessous
de Dieu, que mes yeux soient aveuglés ! — Si ma
foi n'était pas conforme à mes paroles, que j'aille
aux ténèbres extérieures ! — Si je parle avec hypocrisie, que je brûle dans le feu avec les méchants !
— Si c'est par adulation que je vous entretiens
ainsi, que le Seigneur ne m'exauce pas au tribunal !

Je jure par votre vie, mes disciples, et par la vie
d'Éphrem lui-même, — Qu'Éphrem n'eut ni
bourse, ni bâton, ni besace. — *Car j'ai entendu le
Seigneur dire :* « *Vous ne posséderez rien sur terre*[1]. »

---

[1] Cf. Math., x, 9.

V. Venez, mes frères, me, saluer et me dire
adieu, car je m'en vais. — Je vous conjure, mes
amis, de vous souvenir de moi — Dans vos prières
et vos oraisons, car mes jours et mes heures sont
achevés. — Je vous conjure, mes disciples, par des
serments indissolubles, — De ne pas traiter mes paroles de trompeuses et de ne pas rejeter mes préceptes. — Que celui qui me déposera sous l'autel,
ne voie pas l'Autel céleste ! — Car il ne sied pas
qu'une odeur impure soit répandue dans un lieu
saint. — Que celui qui me placera dans le temple,
ne voie pas le Temple royal, — Car un vain honneur ne sert de rien à qui en est indigne. — Tout
homme entrera nu, rendre ses comptes.— Pourquoi
faire des honneurs à celui qui ne s'est pas honoré?
— Celui qui ne s'honore pas lui-même, le monde
ne l'honore pas.

Tout passe, comme vous l'avez entendu dire à
Notre-Seigneur. — C'est pourquoi, mes frères, je
vous dis ces choses en pleurant.

VI. Le temple de pierres sera détruit, comme
vous l'avez entendu et lu. — Mais le temple de
chair ressuscitera pour la rétribution et l'interroga-
toire [1]. — Le Seigneur ne jugera pas les pierres; ce
sont les hommes qu'il jugera. — Ne recevez de moi
aucun souvenir, mes amis, mes frères et mes fils !
— Vous avez en effet le souvenir que vous tenez

[1] Cf. I Cor., xv.

de Jésus. — Si vous le preniez d'Éphrem, Éphrem en recueillerait du blâme, — Car le Seigneur me dirait : « Plutôt qu'en moi, ils ont cru en toi! — S'ils avaient eu confiance en moi, ils n'auraient pas demandé un souvenir de toi. » — Ne me mettez pas avec les confesseurs, car je suis un pécheur et un pauvre, — Et je crains, à cause de mes défauts, de m'approcher de leurs reliques. — Lorsque la paille touche au feu, elle brûle et elle est consumée par lui. — Je ne déteste pas leur contact, mais je crains en raison de mes défauts.

J'ai entendu le prophète dire [1] : « Ni Noé, ni Job, ni Daniel — Ne sauveront leurs parents, ni un frère ne délivrera son frère. »

VII. Si quelqu'un me portait à bras, que ses mains soient couvertes de la lèpre de Giézi [2]. — Portez-moi sur les épaules, et emmenez-moi à la hâte. — Inhumez-moi comme un homme vil, car j'ai tristement usé mes jours. — Pourquoi me glorifier, ô hommes, moi qui rougirai de honte devant Notre-Seigneur ? — Et pourquoi me proclamer bienheureux, moi dont les œuvres seront mises à nu ? — Si l'on vous montrait mes fautes, tous vous me cracheriez à la face. — Si l'odeur du pécheur frappait celui qui s'en approche, — Vous tous, vous fuiriez devant l'odeur fétide d'Éphrem. — Que celui qui m'envelopperait de soie, s'en aille aux ténèbres

---

[1] Ezéch., XIV, 14.
[2] II Rois, V, 27.

extérieures! — Que celui qui m'envelopperait de
pourpre, soit jeté dans la Géhenne embrasée! — En-
sevelissez-moi dans ma tunique et mon manteau, les
parures ne servent de rien à l'homme méprisable —
Et les honneurs ne sont point utiles au mort qui gît
couché dans le tombeau. — Je suis un pécheur,
comme je l'ai dit; que personne ne me proclame
bienheureux. — À Dieu sont manifestes mes œuvres
et les mauvaises actions que j'ai commises. — Je
suis souillé d'iniquités et de fautes; je suis couvert
de la boue du péché.

Quelle iniquité n'est point en moi? Quel péché
n'habite pas en moi? — Tous les vices honteux et
méprisables existent en moi, comme je l'ai dit.

VIII. Levez-vous, Edesséniens, mes frères, mes
maîtres, mes fils et mes pères. — Apportez ce que
vous avez fait vœu de mettre auprès de votre frère.
— Apportez et placez devant moi, mes frères, l'of-
frande de vos vœux, — Afin que, pendant que j'ai
encore une lueur d'esprit, j'en fixe moi-même le
prix. — Les objets de valeur seront vendus et on
achètera, à la place, des serviteurs. — On fera des
distributions aux pauvres, aux indigents et aux né-
cessiteux[1]. — Ce sera pour vous une aide, et pour

---

[1] Version grecque : ὅπως αὐτὸς ἐγὼ τιμὴν τούτοις ὀνομάσας,
πολυτελές τι σκεῦος ἐν αὐτοῖς ὠνησάμενος ἀξίους ἐργάσϑας μισθώσομαι
τῶν ὑμῶν ἐγκάρπου προαιρέσεως· φημὶ δὲ πλωχοὺς, καὶ ὀρφανοὺς...
Le sens que nous adoptons nous semble plus conforme au texte
syriaque.

moi-même un profit. — Pour vous qui avez donné,
ce sera une rétribution, et pour moi qui ai conseillé,
un salaire de faveur. — Autre, en effet, est le salaire
des œuvres, autre le salaire des paroles. — Celui qui
donne, mes amis, est supérieur à celui qui reçoit,
comme vous l'avez appris [1]. — Bienvenu soit, mes
frères, votre présent, que vous avez mis de côté pour
m'honorer, — Quoique j'en sois indigne, car j'ai con-
sumé mes jours dans le péché. — Celui qui honore
le prophète, recevra la récompense du prophète, —
Comme l'a juré la bouche de notre Maître [2], et vous
savez qu'elle ne ment pas. — Quoique je sois un
pécheur, que le Christ vous donne votre récompense,
— Lui, dans la confiance de qui vous m'avez fait
cet honneur. — Que ce Maître, en vue duquel vous
m'avez honoré, mes amis, — Vous donne la récompense de votre vœu et accueille vos offrandes. —
Bien que je ne sois pas un prophète, vous recevrez
la récompense du prophète.

Bénie soit la cité dans laquelle vous habitez,
Édesse, mère des sages, — Qui a été bénie de la
bouche vivante du Fils par l'intermédiaire de son
disciple [3]. — *Que cette bénédiction demeure en elle
jusqu'à ce que le Saint apparaisse.*

---

[1] Act., xv, 35.
[2] Math., x, 41.
[3] La version grecque ajoute ici le récit de la correspondance
d'Abgar et de Jésus-Christ; puis vient la ligne que nous avons mise
en italique.

IX. Que celui qui retiendra l'objet de son vœu,
meure de la mort d'Ananias, — Qui voulut tromper
les Apôtres, mais, découvert, il tomba frappé à
leurs pieds[1]. — Que celui qui portera un cierge
devant moi, soit brûlé par le feu de ce cierge. — A
quoi bon le feu pour celui qui a le feu en lui-même?
— Pendant que le feu extérieur brille, le feu inté-
rieur brûle en lui. — La douleur intérieure me
suffit, n'ajoutez pas une douleur extérieure. — Sur
moi, sur mes pareils et mes semblables, versez vos
pleurs mes frères, — Car j'ai passé mes jours dans
le péché et l'oisiveté, sans profit. — Au moment où
je n'y songeais pas, le voleur est survenu et m'a sur-
pris. — A l'heure où je ne m'y attendais pas, le
ravisseur a surgi et s'est approché. — Il m'a emmené
d'ici vers un lieu que je ne connais pas.

Je te supplie, ô guide, de ne pas me molester et
de ne pas m'affliger. — Si tu agissais avec moi selon
mes fautes, ce serait une grande calamité. Que de-
viendrais-je?

X. Quand je me souviens de mes actes, mes genoux tremblent et mes dents grincent. — Quand je
me rappelle ce que j'ai fait, le frisson me saisit. —
Car je n'ai fait absolument rien de bon pendant ma
vie. — Aucune bonne œuvre n'a été faite par moi
dès le jour que mes parents m'ont enfanté. — Ne
mettez pas avec moi des parfums, les honneurs ne

[1] Act., v, 1-5. Ici la version grecque insère l'épisode d'un démoniaque guéri par saint Éphrem.

me conviennent pas, — Non plus des aromates,
ni des odeurs, honneur qui ne me servirait pas. —
Brûlez l'encens dans le sanctuaire; moi, accompa-
gnez-moi de vos prières. — Offrez à Dieu les
parfums, et pour moi chantez des psaumes. — A
la place d'odeurs et d'aromates, faites mention de
moi dans la prière. — A quoi bon une senteur dé-
licieuse pour le mort qui ne peut la respirer? —
Portez et faites fumer votre encens dans le sanctuaire, pour délecter ceux qui entreront. — N'ense-
velissez pas une pourriture infecte dans la soie qui
lui est inutile. — Abandonnez au fumier celui qui
ne peut jouir des honneurs.

Au riche sied le luxe, et au pauvre le fumier. —
A la race royale appartient le gouvernement, et au
vilain la servitude.

XI. Ne me déposez point dans vos tombeaux; vos
ornements ne me seraient d'aucune utilité. — J'ai
promis à mon Dieu de me faire inhumer avec les
étrangers. — Je suis un étranger comme eux; placez-
moi avec eux, mes frères. — Tout oiseau aime son
espèce, et l'homme s'attache à son semblable. —
Placez-moi dans le cimetière où reposent les contrits
de cœur, — Afin que le fils de Dieu, lors de sa ve-
nue, répande sa rosée et me ressuscite avec eux[1]. —

---

[1] Narsès, dans son homélie (inédite) sur les défunts, exprime la
même idée : « Le signe (du Christ) répandra la rosée de la charité
sur la face de la terre; — Et, à l'instar des semences, les corps sor-
tiront de la poussière. »

Vois, Seigneur, comme je t'implore, que ta miséricorde se répande sur moi! — Je t'en supplie, Fils
du Miséricordieux, ne me traite pas selon mes fautes.
— Si tu retiens les péchés, qui pourra affronter ta
présence[1]? — Si tu es un juge, personne ne sera
innocent lors du jugement. — Toute bouche sera
fermée, comme il est écrit[2], et tout le monde sera
coupable. — Mais je ne désespère pas, car je cite
les Écritures. — A quoi servirais-tu, ô Fils du Miséricordieux, si je vais à l'enfer de feu? — Fais grâce,
selon ton habitude, car ta bonté est bien connue.
— Si tu prononçais la sentence, comme l'a déclaré
ta justice, — Pas un sur mille ne serait juste, ni
deux sur dix mille.

Ainsi tu te tranquillises, Éphrem, à la pensée que
je ne prononcerai de sentence contre personne, —
Que les innocents seront égaux aux coupables, et les
justes et les bons, aux méchants.

XII. Certes, il n'est nullement possible d'associer
la lumière et l'obscurité[3]. — Comment Abel et Caïn
le meurtrier pourraient-ils être égaux? — Comment
serait-il question de mettre ensemble les confesseurs
et les persécuteurs? — Ceux-là crieraient et proteste-
raient si j'émettais une telle prétention. — Je ne te
demande pas, ô Fils du Dieu bon, de mettre sur le
même rang les bons et les méchants, — Mais j'in-

---

[1] Ps. cxxix, 3.
[2] Rom., iii, 19.
[3] II Cor., vi, 14.

voque ta miséricorde pour moi, mes pareils et mes
semblables. — Voilà ce que j'ai dit et ce que je dis,
et je ne sortirai point de cette parole : — Si tu ne
fais miséricorde, personne ne verra le royaume des
cieux. — Car il n'y en a qu'un d'innocent parmi
tous ceux qui ont revêtu un corps. — Ce n'est pas
parce que je suis pécheur que je parle ainsi, —
Mais, mes frères, je rapporte exactement les Écritures. — « Cesse, Ephrem, tes sentences de sagesse,
me dit l'ange de la mort. — Tes artifices ne te ser-
viront de rien et ton conducteur ne restera pas en
arrière. » Il s'est durement irrité contre moi et m'a
dit : « Ferme ta bouche, — Tous ne sont pas comme
toi des hommes perdus. »

Le pécheur s'imagine que tout le monde est comme
lui, — Et l'aveugle croit que les autres lui ressem-
blent.

XIII. Venez, mes frères, m'étendre, car il est
décidé que je ne demeurerai pas. — Donnez-moi,
comme viatique, des prières, des psaumes et des sacrifices. — Quand le trentième jour sera accompli,
faites mémoire de moi, mes frères, — Car les morts
reçoivent du secours des sacrifices qu'offrent les vivants. — N'avez-vous pas vu, d'un côté, le vin dans
l'amphore et, de l'autre côté, le raisin mûr dans la
vigne? — Tandis que le raisin vif mûrit dans la
vigne, le mort s'agite dans l'amphore. — Lorsque l'oi-
gnon émet une odeur fétide, mes amis, — En même
temps qu'il germe dans le champ, il pousse aussi

dans la maison. — A plus forte raison les morts ont-
ils le sentiment de leurs commémoraisons. — Si tu
me dis, ô Sage : « Ce sont là choses de la nature, —
Et je ne croirai à la nature que si tu m'apportes un
témoignage, » — Prends patience, je t'en apporterai
de l'Écriture si tu veux. — Après trois générations,
Moïse fait revivre Ruben dans ses bénédictions[1]. —
Si les morts ne reçoivent pas de secours, à quoi bon
les bénédictions du fils d'Amram? — Les défunts
ne ressentent rien? Écoute ce que dit l'Apôtre : —
« Si les morts ne ressuscitent pas, pourquoi se faire
baptiser pour eux[2]? » — Si les hommes de la fa-
mille de Mathathias qui accomplissaient les saints
offices — Pour les armées, comme vous l'avez lu,
ont expié par leurs sacrifices les fautes — De ceux
qui étaient tombés pendant le combat et qui étaient
païens de mœurs[3], — A plus forte raison les prêtres
du Fils purifieront-ils les défunts — Par leurs saints
sacrifices et les prières de leur bouche.

Lorsque vous viendrez pour ma commémoraison,
que personne ne fasse le mal et ne commette de
péché, — Mais veillez, mes frères, avec pureté,
chasteté et sainteté.

XIV. Non pas que le péché d'impureté soit la plus
grave des fautes, — Il existe d'autres péchés plus
amers que la luxure, — Mais je ne veux pas engager

---

[1] Deut., xxxiii, 6.
[2] I Cor., xv, 19.
[3] II Macc., xii, 43-46.

ma responsabilité pour vous. — Le Seigneur me
dirait en effet : « C'est toi, Éphrem, qui les as réunis. » — Les adultères et les débauchés, Dieu les
jugera, comme il est écrit[1]. — Or que répondrais-je
à ce sujet? Mes amis, je suis rempli de crainte. — Je
l'ai déjà dit peu auparavant, et je le répète encore
encore maintenant : — Celui que Dieu jugera, verra
la miséricorde au tribunal, — Parce que, comme le
levain dans la pâte, le désir de la chair est dans le
corps.

Il est engendré de l'homme, comme le feu du fer,
— Et, dès qu'il est né de lui, il le dévore et le détruit.

XV. *Venez, mes disciples, soyez bénis par la puissance du Pasteur béni! — Si je ne suis pas comme Noé,
soyez, vous, comme Sem et Japhet! — Si je ne suis pas
comme Melchisédech, soyez, vous, comme Abraham! —
Si je ne suis pas comme Isaac, venez, soyez bénis comme
Jacob! — Si je ne suis pas comme Moïse, soyez, vous,
comme Josué! — Et si je ne suis pas comme Élie,
recevez l'esprit d'Élisée!*

*Abba, homme prodigieux, que le Christ grandisse ta
mémoire! — Que ton éclat soit pareil à celui des anges
et ta splendeur semblable à celle de Moïse! Que tous en
te voyant, comprennent que tu es le serviteur de Dieu!*

*Abraham, toi qui es devenu mon disciple, que le Dieu
d'Abraham t'exauce! — Avant que tu n'ouvres la bouche,*

[1] Heb., xiii, 3.

*que ton Seigneur l'emplisse de sagesse! — J'ai entendu
le prophète dire : « Ouvre ta bouche et je la remplirai*[1]. »
Siméon, que Dieu t'entende[2] *lorsque tu l'invoqueras
dans ta prière! — Quand tu entreras dans une ville*[3],
*que son église soit pleine comme une coupe! — Que les
fiancées accourent te voir, ainsi que les pieuses recluses!
— Qu'elles entendent de toi des paroles de sagesse et
apprennent à vivre! — Qu'elles reçoivent de toi secours
et avantages spirituels! — Tel qu'un médecin dans une
armée, que ta réputation se répande dans la création!*

Mara d'Aghel[4], *homme parfait, simple et pur, —
Parfait non pas par nature, mais simple par bonne volonté, — Que Celui, en la récompense de qui mettant
ton espoir, tu es devenu mon disciple dans la détresse,
— Te donne, avec les justes, le salaire dû aux élus.*

Zénobe, homme vaillant[5], *guerrier et chasseur, —
Que ta parole soit de feu et qu'elle dévore les ronces des
superstitions! — Comme la flamme dans la forêt, que
ton verbe consume les fausses doctrines! — Comme
David, sois vainqueur et marche, non pas contre Go-
liath, mais contre les fils de l'erreur! — Revêts l'ar-
mure des prophètes et la cuirasse des apôtres. — Que*

---

[1] Ps. LXXX, 11.

[2] Allusion au sens d'*entendre* que donne l'étymologie du nom
Siméon.

[3] Jeu de mots entre *invoqueras* et *ville*, qui, en syriaque, ont une
forme analogue.

[4] La version grecque a : ἀνὴρ Γαλιλαῖος « de Galilée ».

[5] Assémani traduit : « vir Gaziræus », et M. Lamy « de Mésopo
tamie ». La version grecque a mieux compris le sens : ἀνὴρ γιζαραῖος .
ὃ ἑρμηνεύεται κυνηγικὸς ἀνὴρ ἐκτικὸς.

ton Seigneur t'accompagne et soit ton escorte à jamais invincible !

Paulona[1]*, maudite soit ta mère ! Malheur au sein qui t'a mis au monde !* — *Tu accueilles toutes les superstitions, tu touches à toutes les questions,* — *Et tu sors de toute ta peine, comme Judas*[2] *de ses biens.* — *La colonne que tu as abandonnée montrera un miracle sur ton corps*[3]*.* — *Tu t'es appuyé sur un roseau brisé*[4] *et tu as délaissé le bâton de la Croix.*

Arvad[5]*, homme pernicieux, que ta mémoire soit effacée des vivants,* — *Puisque tu as délaissé le vin du Christ, et que tu as bu la lie du péché !* — *Que le Fils, contre lequel ta bouche a blasphémé, poursuive entre tes mains son outrage !*

Les Ariens, les Eunomiens, les Cathares et les Ophites ; — *Les Marcionites, les Manichéens, les Daisanites et les Koukiens ;* — *Les Paulianites, les Vitalianiens, les Sabbatites et les Borboriens,* — *Avec les autres doctrines des superstitions affreuses.*

Béni soit celui qui a choisi l'Église sainte, brebis que les loups n'ont point mordue. — *Colombe pure que l'épervier rapace n'a pu atteindre.*

XVI. Le calice est entre les mains du Seigneur ;

---

[1] La version grecque a également : Παυλονᾶ.

[2] Var. «comme l'homme». La version grecque a aussi : ὡς Ἰούδας ὁ Ἰσκαριότης.

[3] La version grecque : τέρας δείξει φρικώδες ἐν τῷ σώματί σου.

[4] Is. xxxvi, 6.

[5] Dans la version grecque : Ἀρουάδ.

il est rempli de vin et de lie[1]. — Les renégats ont bu et se sont enivrés ; ils se sont séparés et retournés contre Jésus. — Le chien enragé, s'il le peut, mord même son maître ; — Ainsi les hérétiques aboient et blasphèment contre leur maître. — Gloire à Celui qui est trop au-dessus d'eux pour qu'ils puissent parvenir à sa hauteur ! — Si les pervers avaient la faculté de monter aux cieux, — Ils jetteraient la discorde dans le séjour calme des êtres célestes. — Leurs semblables l'ont tenté autrefois ; ils cherchèrent à atteindre les cieux. — La justice divine les frappa et ces pervers furent confondus et couverts de honte. — Si ceux qui voulurent monter au séjour des anges célestes — Furent frappés de la sorte et reçurent ce châtiment, — Quelle peine est donc réservée, mes frères, aux téméraires, — Qui veulent diviser le Père du Fils et du Saint-Esprit ? — Conservez ma doctrine, mes disciples, et ne vous écartez pas de ma foi. — Que celui qui doute de Dieu, erre sur la terre comme Caïn ! — Que celui qui abaisse le Fils au-dessous du Père, descende vivant dans la terre ! — Que celui qui blasphème contre le Saint-Esprit, n'obtienne pas le pardon ! — Que celui qui doute de l'Eglise, soit couvert de lèpre comme Giézi[2] ! — Que celui qui s'écarte de ma foi, reçoive la corde de Judas ! — C'est un grand péché que le blasphème, fuyez-le, mes amis.

Celui qui injurie et blasphème est constamment

[1] Ps. LXXV, 8.
[2] Cf. ci-dessus, p. 288, l. 16.

en révolte contre Dieu. — Les fautes de la chair
nous suffisent, n'ajoutons pas à notre perversité.

XVII. Une seule chose me donne de l'espoir et
du courage devant Dieu, — C'est que je n'ai jamais
injurié le Seigneur, et le blasphème n'est pas sorti
de ma bouche. — Seigneur, j'ai haï tes ennemis et
je n'ai pas aimé tes adversaires [1]. — Inscrivez mes
paroles sur vos cœurs et souvenez-vous de moi. —
Car, après moi, les méchants se rendront auprès de
vous. — Ils sont vêtus de peaux d'agneau et, à l'in-
térieur, ce sont des loups dévorants [2]. — Douces
sont les paroles de leurs bouches, mais amer est le
désir de leurs cœurs. — Ils prennent l'extérieur des
bons, mais ce sont les émissaires de Satan. — Fuyez-
les, ainsi que leur doctrine, et ne vous approchez
pas d'eux. — Vous savez, en effet, que celui qui se
trouve dans un endroit où le roi a été outragé, —
Comparaîtra, lui aussi, devant le tribunal et sera
interrogé selon la loi. — Quand même il prouverait
qu'il n'a pas injurié, il sera condamné pour manque
de zèle. — Ne t'assieds pas avec les hérétiques et
ne t'associe pas aux renégats. — Mieux vaut ha-
biter avec un démon qu'avec un rénégat. — Car,
si tu conjures le démon, il s'enfuit et ne peut demeurer devant le nom de Jésus. —Mais le renégat,
quand même tu le conjurerais dix mille fois, — Ne
cessera pas sa méchanceté et ne sortira pas de sa

[1] Ps. cxxxviii, 21.
[2] Matth., vii, 15.

rage. — Mieux vaut prêcher les démons que de vouloir convaincre les fils de l'erreur. — Les démons,
en effet, ont confessé et dit : « Tu es, Seigneur, le
fils de Dieu [1]. » — Mais les renégats regimbent tou-
jours et disent qu'il n'est pas le fils de Dieu. — Satan qui demeure en eux, confesse ; mais, eux, per-
sistent dans la rébellion.

Si le platane poussait sur le roc, le renégat
pourrait être converti. —

*Peut-être que la montagne sera abaissée, comme il
est écrit, et deviendra une plaine* [2]. — *Alors le platane
pousserait sur le roc et la parole du prophète serait ac-
complie. — Ainsi il arriverait peut-être que le renégat
se laissât convertir.*

Si le corbeau pouvait blanchir, le méchant deviendrait un juste.

*Peut-être que la neige tombera l'hiver et qu'elle s'a-
massera sur les ailes du corbeau. — Celui-ci blanchi-
rait un moment à cause de la neige qui est sur ses ailes.
— Ainsi il arriverait peut-être que les méchants enten-
dissent la voix du Jugement, — Qu'ils fussent effrayés
du supplice et se repentissent de leurs actions, — Qu'ils
revinssent de leur conduite et renonçassent à leurs habi-
tudes.*

XVIII. Écoutez mes préceptes, ô mes disciples,
et souvenez-vous de mes paroles ; — Ne déviez pas

---

[1] Matth., viii, 29.
[2] Is., xl., 4

de ma foi et ne vous écartez pas de mes leçons. —
Quand vous verrez l'émeute et les troubles surgir
dans la création, — Veillez à la vérité que vous
possédez et demeurez fermes dans votre foi. — Tout
ce qui est écrit arrivera; tout ce qui a été dit s'ac-
complira. — Le ciel et la terre passeront, mais la
lettre Yod ne passera pas, — Comme notre Maître
l'a attesté et dit [1], et vous savez qu'il ne ment pas.

*Au temps de Moïse, les magiciens s'élevèrent contre
le fils d'Amram, — Mais le doigt de Dieu triompha[2],
comme leur bouche l'avoua. — La justice divine, en effet,
frappa les oppresseurs d'ulcères rongeurs, — Et, malgré
eux, ils furent forcés de confesser et d'attester la vérité.
— La Vérité a coutume de patienter à la pensée que
le fourbe pourrait se convertir. — Dès que celui-ci croit
qu'il s'est élevé et qu'il s'est sauvé, alors elle l'abat.*

*Lorsque Moïse eut reçu la mission de faire sortir le
peuple d'Égypte, — Il se présenta devant Pharaon et
lui exposa l'ordre qu'il avait reçu du Maître de Pharaon. — A sa parole, Pharaon devint fou de rage et
se répandit en blasphèmes. — Le bruit en courut dans
toute la ville, et les seigneurs de l'endroit en eurent
connaissance. — C'était un ordre de Dieu que personne
ne pouvait annuler. — Le roi vit l'éclat dont (Moïse)
était revêtu et il en fut terrifié. — Quel homme ne
craindrait pas devant son maître quand il le voit? —
Qui ne tremblerait devant son Dieu quand il l'aperçoit?*

---

[1] Matth., v, 18.
[2] Cf. Ex., viii, 19.

— *Par ce mystère, Pharaon eut peur de Moïse et de son Dieu.*

Les magiciens d'Égypte s'assemblèrent pour voir ce nouveau prodige. — *Sa face était celle d'un ange de feu et d'esprit,* — *Plus éclatante que le soleil, plus brillante que l'éclair.* — *En le voyant, on croyait voir un dieu; en entendant sa voix, on le méprisait parce qu'il était bègue.* — *Les uns le tenaient pour un être céleste, les autres l'appelaient un bon à rien,* — *car, s'il valait quelque chose, il s'aiderait d'abord lui-même.*

Moïse, comme vous l'avez appris, savait la langue du pays — *Puisqu'il avait été élevé à la cour de Pharaon dans toutes les sciences des Égyptiens,* — *Ainsi qu'en témoigne l'Apôtre en parlant de lui*[1]. — *Pendant qu'il l'ignorait encore, le Saint-Esprit qui habitait en lui,* — *Lui qui lui avait révélé les événements depuis Adam et dans la suite,* — *Lui faisait connaître et lui rapportait le complot tramé contre lui.*

Pharaon convoqua ses magiciens qui s'assemblèrent avec leurs disciples. — *Il se mit à leur parler et à leur donner des ordres au sujet de Moïse.* — « *Voici le moment et l'occasion de me montrer votre puissance.* — *Lorsqu'une guerre est imminente, les vaillants reçoivent des commandements,* — *Et lorsque les épidémies surgissent, les médecins se font connaître.* — *Ne soyons pas un sujet de dérision dans la création, parce qu'un bègue se moquerait de nous.* — *Marchez au combat, un moment nous suffira pour vaincre.* — *Montrez-vous des héros*

---

[1] Act., vii, 22.

dans la bataille jusqu'à ce que nous remportions la victoire. — L'univers entier est attentif; on nous tient
pour les maîtres de la puissance. — Les rois de la terre
louent nos troupes pour leurs guerres. — S'ils nous
voyaient, par hasard, tournés en ridicule par un bègue,
— Ils se mettraient, eux aussi, à se moquer de nous,
encore plus que lui. — Marchez comme des héros renommés; acquérons-nous une gloire immortelle. —
Que quiconque entendra, craigne de se soulever contre
notre peuple! — Bien que je sois votre roi, je ne suis
pas plus tranquille que vous. — S'il en sort de l'honneur,
il sera pour nous; mais nous partagerons aussi la honte. »

Les magiciens s'enflammèrent comme des hommes
qui ont bu et se sont enivrés, — Et promirent de grandes
choses devant Pharaon, roi d'Égypte : — « Avant que
l'aurore ne soit montée sur l'Égypte, l'âme du fils d'Amram aura monté! — Et tu dormiras encore, que tu
apprendras la mort de Moïse, tombé et crevé. — Que
compte pour nous cette affaire? C'est jeu d'enfants! —
Va et dors en repos, car l'heure de sa mort est arrivée.
— Il ne verra pas d'autre lumière que la lumière de ce
jour. »

Ces magiciens renommés sortirent hors de la présence
du roi. — Le roi eut confiance en leur parole, il les
crut et les tint pour véridiques. — Cependant le sommeil
fuyait ses yeux, et il attendait qu'il fît jour. — S'il lui
arrivait de s'endormir, il revoyait ce spectacle en rêve.

Les magiciens invoquèrent leurs démons et les en-
voyèrent contre Moïse. — Ceux-ci se mirent en route,
se rendant vers le juste, mais la bonté divine les repoussa.

— *Comme la tempête chasse le feu, sa prière les chassa.*

— *Comme le vent disperse la fumée, la justice divine les dispersa.* — *Comme une armée taillée en pièces, ils s'enfuirent loin de Moïse.* — *Tels des voleurs entendant la voix des gardiens qui viennent, à peine l'ont-ils entendue qu'il s'enfuient et tournent les talons.* — *Comme l'obscurité devant la lumière, ils s'enfuirent, les pervers, devant lui* — *Et s'en revinrent à la hâte et avec précipitation vers ceux qui les avaient engagés.* — *Leurs démons leur dirent :* « *Cet homme est trop fort pour nous.* —— *Il ne nous permet même pas d'atteindre sa traîne là où il se trouve.* »

Le jour monta, la lumière parut ; Pharaon, au repos, s'attendait — *À ce qu'ils eussent traité le prophète Moïse, comme ils le lui avaient promis.* — *Après que le temps convenu fut passé et que personne ne venait apporter de nouvelles,* — *Le roi les fit appeler et leur dit :* — « *Pourquoi donc ce que vous avez annoncé ne s'est-il pas réalisé ?* — *Vous disiez :* « *Il ne verra pas d'autre lumière que la lumière de ce jour.* »

Les insensés répondirent : « *Prends un peu patience ;* — *Ne t'inquiète pas de cet homme jusqu'à ce que nous ayons exécuté notre projet.* — *Nous ne pouvons rien faire précipitamment, ô roi !* — *Le jour ne nous permet pas non plus d'agir, car c'est la nouvelle lune.* — *Lorque la lune commencera à décroître, la vie de Moïse décroîtra en même temps.* » — *Le sot les entendit et crut à leur parole, parce que, comme eux, il était dans l'erreur.*

Ils inventèrent des artifices au sujet de Moïse, jusqu'à

ce que le temps fixé fût révolu. — Ils prirent de ses cheveux et de ses vêtements et façonnèrent une figurine de Moïse. — Ils placèrent cette image à l'orifice d'un tombeau et invoquèrent contre elle leurs démons. — Là apparurent les diables avec leurs princes et les commandants de leurs légions, — Les chefs de l'armée de la gauche avec leur supérieur général. — Chacun d'eux menaçait de terrasser et de tuer Moïse. — Le camp entier se met en marche; tous avancent d'un pas égal. — Mais, du haut de la montagne, à une certaine distance, ils levèrent les yeux et virent Moïse, — Que les anges entouraient comme aux jours d'Élisée. — Ils gémirent et s'enfuirent devant lui sans avoir pu s'en approcher. — La bonté divine les avait dispersés et mis en déroute. — Ils s'en retournèrent honteux de n'avoir pu entamer la force de Moïse.

Les magiciens virent ce qui s'était passé et furent saisis d'angoisse. — Ils imaginèrent, les fourbes, une ruse qui tourna à leur confusion. — Ces pervers prirent du vin et l'exposèrent, puis ils appelèrent les aspics et les dragons. — Ceux-ci arrivèrent, se placèrent sur le vin et vomirent leur venin par dessus. — Les magiciens portèrent et offrirent le vin à Moïse, pour que cet homme parfait le bût et expirât. — « Voici pour toi, dirent-ils; bois ce vin, que t'envoie le roi d'Égypte. — Après un long temps, le roi l'a tiré aujourd'hui en ton honneur. — Comme il a beaucoup vieilli, sa limpidité s'en est ressentie et il est trouble. »

Moïse qui connaissait la ruse, rit d'eux avec mépris. — Il prit et but en leur présence ce vin qu'ils lui pré-

sentaient. — Il signa le vin au nom du Seigneur et le but sans en éprouver de mal. — Afin qu'ils ne crussent pas qu'il ignorait leurs ruses et leurs artifices, — Cet homme parfait leur dit : « Allez vers votre maitre qui m'a envoyé — Le vin mêlé du poison mortel des serpents. »

Voici que le guide est près d'arriver : « Cesse, Éphrem, tes sentences de sagesse. » — « Seigneur, Jésus, je t'en supplie, comme un homme supplie son semblable, — Ne me place pas à gauche au moment où tu apparaîtras. »

Par votre vie, je ne mens pas au sujet de ce que je vais raconter. — Lorsque j'étais un petit enfant et que je reposais sur le sein de ma mère, — Je vis, comme dans un rêve, ce qui fut la vérité : — Une vigne poussa sur ma langue; elle grandit et monta vers les cieux. — Elle donnait des fruits sans fin et des feuilles sans nombre. — Elle s'étendit, s'élargit, chargée de dons, s'allongea, s'arrondit et se répandit de tous côtés. — Toute la création venait cueillir des fruits sans qu'ils diminuassent. — Plus on en prenait, plus les grappes augmentaient. — Les grappes représentaient les homélies; les feuilles, les hymnes.

Le donateur, c'était Dieu; gloire à lui pour ses bienfaits! — Il m'a comblé, suivant sa volonté, du trésor de ses richesses.

XVIII. *(suite)*. Demeurez en paix, mes amis, et

priez pour moi, mes connaissances. — Voici le moment arrivé où le marchand doit retourner à son
pays. — Malheur à moi! Mes marchandises sont
perdues, toutes mes richesses sont dissipées. — On
ne pleure pas les gens de bien, car ils entrent au
tombeau pour recevoir la vie, — Mais sur moi, mes
pareils et mes semblables, répandez vos larmes, mes
frères, — Parce que nous avons dissipé dans l'inuti-
lité nos jours et nos moments. — Que la terre demeure en repos, et que ses fils soient dans la joie!
— Que la paix soit dans les Églises et que la persé-
cution des méchants cesse! — Puissent les méchants
devenir des justes et se convertir de leurs péchés!

Salut, ô guide, qui conduis l'âme hors du corps
— Et les divises l'un de l'autre pour qu'ils habitent
séparément jusqu'à la résurrection!

*Pendant qu'Éphrem parlait ainsi, tout le peuple
pleurait. — Il y avait là une jeune fille du nom de
Lamprotaté, — Fille du chef militaire, gouverneur de
l'Osrhoène. — Dans son affliction, elle s'écria d'une
voix entrecoupée de sanglots : — « Malheur à Édesse
notre mère! Aujourd'hui son rempart est brisé. — Aujourd'hui s'est obscurcie la lumière de cette cité si re-
nommée. »*

*Elle fend la foule des hommes et des femmes, entre
et tombe sur la poitrine d'Éphrem. — Toute en pleurs,
la jeune fille l'adjure en ces termes : — « Au nom de
Celui qui a habité en toi selon sa volonté, et qui a parlé
par toi comme il lui a plu, — Autorise-moi à faire un*

cercueil neuf, selon mon désir et·ma demande, — Et
à en faire un second pour moi-même que je placerai,
Maître, à tes pieds. — Que tu ailles en enfer ou au
royaume des cieux, ne m'abandonne pas ! »

« Jeune fille, retire-toi de ma présence, et que le Seigneur grandisse ta mémoire ! — Combien tes demandes
sont troublantes, et tes paroles flatteuses ! — Comme
tes plaintes sont puissantes ! Comme la douleur te sied
bien ! — Je ne veux pas condescendre à ta volonté, car
je crains le scandale. — On pourrait dire après ma
mort : « C'était l'amante d'Éphrem. » — Va et agis
selon mon désir, et que tes compagnes fassent de même !
Ne fais pas un cercueil de marbre, les honneurs me
sont inutiles. — La seule chose que je t'ordonne à toi
et à tes compagnes, — C'est de ne pas vous asseoir
dans une litière et de ne pas atteler les hommes à votre
joug ! — Car j'ai entendu l'Apôtre dire : « La tête de
l'homme, c'est le Christ [1]. » — Souviens-toi qu'il y a un
jugement, pour ne pas avoir à rougir devant le juge. —
J'ai appris qu'il est écrit : « Chacun sera rétribué selon
ses œuvres [2]. »

La jeune fille jura devant toute l'assemblée et dit :
— « Je jure par le Dieu que tu as servi depuis ta jeunesse jusqu'à ta vieillesse, — De ne pas m'asseoir dans
une litière et de ne pas me faire porter par des hommes.
— Si mon serment n'est qu'hypocrisie, que le malheur
frappe ma jeunesse ! — Si je transgresse tes ordres,
que je sois confondue devant tout le monde. »

[1] I Cor., xi, 3.
[2] Rom., ii, 6.

« *Avant de mourir (reprit Éphrem), je veux te donner ma bénédiction, — Afin que l'autorité ne disparaisse pas de ta race jusqu'à la fin des siècles, — Jusqu'à ce que Dieu vienne dissoudre le ciel et la terre.* »

Fin du Testament de saint Éphrem.

EXAMEN
DU TESTAMENT DE SAINT ÉPHREM.

Notre traduction justifie par elle-même, croyons-nous, la division en dix-huit strophes que nous avons faite de ce document littéraire, mais une courte analyse ne sera pas inutile. Elle cherchera à expliquer les nombreuses interpolations qui sont indiquées par les caractères italiques, tandis que le fond du Testament, tel à peu près qu'Éphrem a dû l'écrire, est imprimé en caractères romains. Les strophes, plus ou moins longues, sont d'inégale étendue; le refrain de chaque strophe, au contraire, a la même longueur et comprend quatre vers de sept syllabes, ou deux lignes métriques. On remarquera encore, dans ce document, de nombreux cas de ce phénomène poétique, que l'on a appelé *le répons*, c'est-à-dire la reprise, au commencement d'une strophe, d'une idée ou d'un mot de la strophe précédente.

Iᵉ strophe. Éphrem, sentant sa fin proche, écrit un testament pour laisser ses dernières recomman-

dations à ses disciples et à ses amis. Il craint le jugement de Dieu, mais il a confiance dans la miséricorde de Jésus-Christ.

IIe str. Éphrem s'applique à lui-même quelques
versets bibliques qui parlent d'Éphraïm (nom que les
Syriens prononcent Éphrem). Il en tire peu de con-
solations, néanmoins il ne veut pas mourir sans
donner à ses disciples ses exhortations, comme un
dernier souvenir.

IIIe str. Éphrem a aimé son prochain et n'a injurié personne ; mais il a constamment combattu les
hérétiques. Sous ce rapport, il peut offrir sa vie en
modèle à ses disciples.

IVe str. Éphrem n'a jamais douté des dogmes de
l'Église et notamment du dogme de la Trinité. Ici
encore il n'a rien à se reprocher.

Le refrain de cette strophe comprend trois lignes
métriques au lieu de deux, mais la dernière ligne
peut être une addition postérieure, quoique elle se
trouve dans la version grecque et qu'elle soit citée
par Grégoire de Nysse. Dans le doute, nous l'avons
mise en italique.

V^e str. Éphrem a vécu dans l'humilité et ne veut
pas d'honneurs après sa mort. Il défend qu'on l'in-
hume au pied de l'autel de l'église.

VIe str. Si les disciples n'oublient pas la mémoire
de leur maître, qu'ils se souviennent du Seigneur
par-dessus tout ! Éphrem est trop humble et trop

pécheur pour que son corps soit déposé auprès des reliques des saints confesseurs.

VII° str. Il devra être enterré comme un homme vil, car il est couvert de la boue du péché.

VIII° str. Éphrem remercie les habitants d'Édesse des offrandes qu'ils ont promises pour honorer ses funérailles, mais il les conjure d'apporter devant son lit de mort les objets qui représentent ces offrandes. Le prix en sera distribué aux pauvres et servira à acquérir de nouveaux serviteurs à la cause de Dieu.

Le refrain renferme une bénédiction d'Édesse qui rappelle la légende de la lettre de Jésus à Abgar. La dernière ligne en italique semble avoir été ajoutée postérieurement. Elle se trouve dans la version grecque, mais séparée par le récit interpolé de la guérison d'un démoniaque.

IX° str. Les donateurs ne devront rien réserver pour les obsèques qui auront lieu sans pompe. On n'allumera pas de cierges. Les larmes seules conviennent pour un pécheur. La fin est proche.

X° str. Pas d'encens, non plus, pour un homme dont la vie a été inutile. L'encens doit être réservé au sanctuaire. Pas de linceul de soie pour un cadavre fétide.

XI° str. Point de tombeau. Éphrem veut être enterré comme un malheureux dans le cimetière des étrangers, car il n'a été qu'un étranger sur cette terre. Il ne demande qu'une chose, la miséricorde du Fils du Miséricordieux, en raison de ses nombreux péchés. On lui objectera que cette demande mettrait sur le même pied les coupables et les innocents.

XIIᵉ str. Non! Il ne demande pas un traitement égal pour les méchants et les bons, mais les Écritures lui permettent d'espérer la miséricorde malgré le courroux divin que ses péchés exciteront.

XIIIᵉ str. Quand il mourra, qu'on offre pour lui, comme viatique, des prières, des chants, des psaumes et des sacrifices! Trente jours[1] après sa mort, on célèbrera un service commémoratif.

À cette occasion, Éphrem soutient l'utilité pour les défunts des prières et des sacrifices expiatoires, qui découle de l'existence du purgatoire. Comme dans ses écrits précédents[2], il défend cet article de foi que niaient certains héritiques, et il invoque le témoignage des Écritures. Afin que le sacrifice, offert le jour de sa commémoraison, soit efficace, ceux qui y participeront, devront avoir expié leurs fautes et être purs du péché de la chair.

XIVᵉ str. Non pas que le péché de la chair soit le plus grave (l'hérésie est beaucoup plus odieuse) ; mais, si ses amis venaient en état d'impureté au service commémoratif, Éphrem en serait responsable devant Dieu, car c'est lui qui les a conviés au saint sacrifice.

XVᵉ str. On s'attendrait à ce qu'Éphrem, après avoir fait allusion aux hérétiques dans la strophe

---

[1] Les mss de Berlin et de Mossoul ont trois jours.
[2] Voir LAMY, S. Ephraemi syri Hymni et Sermones, t. I, praef., p. XIII.

précédente, lançât ici ses imprécations contre eux.
Cependant nous lisons un cantique de bénédictions
et de malédictions, adressé par saint Éphrem à ses
disciples, et dont la forme poétique rappelle le cantique de Jacob (Gen., xlix) et le cantique de Moïse
(Deut., xxxiii). Ce cantique qui forme un genre dif-
férent de celui des autres strophes, semble avoir été
interpolé, quoiqu'il soit reproduit par la version
grecque. Il est possible qu'il soit sorti de la plume
d'Éphrem, mais l'hypothèse contraire est plus vraisemblable. On remarquera que les noms des disciples, énoncés ici, diffèrent en partie des noms
donnés par les *Actes de saint Éphrem*, écrits peu de
temps après la mort de ce saint Docteur. En tous
cas, on considérera comme apocryphe l'énuméra-
tion, à la fin, des différentes sectes hérétiques. Cette
liste, qui n'est rattachée par aucun lien à ce qui
précède [1], semble vouloir rappeler les hérésies com-
battues par Éphrem. Plusieurs de ces hérésies ne
sont pas mentionnées dans les œuvres d'Éphrem.
Les manuscrits présentent de nombreuses variantes.
On ne sait pas ce que représentent les Vitalianiens ;
le grec a Οὐαλεντίνων, καὶ Οὐιταλιανῶν. *Valentiniens*
dans cette version était sans doute une glose corri-
geant *Vitalianiens*.

XVIe str. Éphrem maudit les hérétiques qui

---

[1] La version grecque supplée à ce manque de liaison. Après les
derniers mots du paragraphe d'Arvad : « poursuive contre toi son
outrage », elle continue : « ainsi que contre toutes les hérésies, à sa-
voir : les Ariens... »

rejettent le dogme de la Trinité et abaissent le Fils et le Saint-Esprit au-dessous du Père.

XVIIe str. C'est la consolation d'Éphrem de n'avoir jamais blasphémé contre le Seigneur. Les hérétiques sont pires que les démons, car les démons ont confessé la divinité de Jésus-Christ que les renégats s'obstineront constamment à nier. Ceux-ci sont incapables de repentir, aussi n'obtiendront-ils pas le pardon.

Le refrain comprend ces deux lignes : « Si le platane poussait sur le roc, le renégat pourrait être converti. — Si le corbeau pouvait blanchir, le méchant deviendrait un juste. » Un lecteur, trouvant trop rigide la sentence de saint Éphrem, qui déclare qu'un hérétique ne se convertira jamais, a apporté un tempérament à ce que cette sentence lui paraissait avoir d'excessif. Le roc, ajoute-t-il, pourrait être changé en plaine et alors le platane y pousserait ; ainsi le renégat pourrait revenir à résipiscence. Le corbeau même pourrait blanchir sous la neige qui couvrirait ses ailes ; ainsi le méchant deviendrait peut-être un juste. La sentence d'Éphrem découle naturellement de sa nature implacable. L'interpolation est manifeste ; la version grecque la renferme également.

XVIIIe str. Cette strophe, la dernière du *Testament*, est actuellement coupée en deux par une nouvelle interpolation. Éphrem, faisant allusion aux

persécutions de Sapor II qui sévissaient contre les
chrétiens de la Perse, engage ses disciples à demeurer fermes dans leur foi qui leur assurera la vie éter-
nelle. Ici un reviseur du *Testament* a inséré un long
fragment, extrait d'un poème aujourd'hui perdu,
racontant la vie de Moïse, et qui était vraisembla-
blement attribué à saint Éphrem. Ainsi on avait mis
sous le nom de ce Père l'*Histoire de Joseph, fils de
Jacob*, dont on doit la publication à M. Bedjan.
L'objet de cette insertion était sans doute de confir-
mer les mots qui précédaient : « Comme notre
Maître l'a attesté et dit, et vous savez qu'il ne ment
pas. » Dieu, en effet, est véridique; il avait promis
à Moïse de lui donner la victoire sur les magiciens
d'Égypte ; il a tenu sa promesse dans toutes les
luttes que subit Moïse et, chaque fois, a opéré un
prodige en faveur de son envoyé.

L'interpolation ne fait pas de doute et il est inutile d'y insister[1]. Il suffira de remarquer que ce
morceau est du genre épique et ne comporte pas
de division strophique. Il manque dans la version
grecque et dans le manuscrit syriaque Add. 14582,
d'où il a peut-être été rejeté à dessein, car la version
grecque omet tout ce qui suit jusqu'à l'histoire de
Lamprotaté. Les manuscrits de Berlin et de Mossoul
présentent une lacune qui porte non seulement sur
l'histoire de Moïse et des Magiciens, mais sur les

---

[1] Assémani en faisait la remarque, p. 405, à la marge : « Quæ
hic de Moyse et Magis dicuntur, ex alio S. Ephræmi sermone in
Testamentum ab Amanuensi oscitanter translata videntur. »

strophes XVI et XVII, et le commencement de la strophe XVIII, qui précèdent cette histoire.

Le reviseur qui a introduit ce morceau, a ajouté un refrain composé de six vers ou trois lignes métriques, pour lui donner le caractère strophique que présentent les autres parties du Testament. La première ligne : « Voici que le guide est près d'arriver. Cesse, Éphrem, tes sentences de sagesse », est imitée des passages analogues des strophes IX et XII. Les deux autres lignes : « Seigneur Jésus, je t'en supplie, comme un homme supplie son semblable, — Ne me place pas à gauche au moment où tu apparaîtras », semblent inspirées par les derniers vers de la strophe I ; comparer aussi la strophe XI.

La strophe de la vigne symbolisant les homélies et les hymnes d'Éphrem était assurément en dehors du *Testament;* elle n'est pas à sa place dans cette œuvre de profonde humilité. Le commencement même : « Par votre vie, je ne mens pas au sujet de ce que je vais raconter », rappelle ces affirmations solennelles des auteurs qui signaient du nom de personnages bibliques les visions apocalyptiques qu'ils imaginaient. Grégoire de Nysse connaissait déjà ce récit attribué à saint Éphrem. Les *Actes d'Éphrem* savent qu'il se trouvait dans le *Testament.* L'interpolation est donc ancienne, malgré le silence de la version grecque qui a retranché ce passage.

Nous arrivons maintenant à la seconde partie de la strophe XVIII qui manque dans la version grecque, emportée par la coupure de l'épisode de Moïse et du

récit de la vigne. Cette seconde partie est la conclu-
sion logique du *Testament* et en fait partie inté-
grante.

Éphrem fait ses derniers adieux à ses disciples. Il
regrette de n'avoir pas mieux employé son temps
ici-bas. Ses dernières paroles sont des vœux pour la
fin des persécutions et la conversion des persécuteurs.

Ici finissait le *Testament*. Ce qui suit a été ajouté
par un reviseur, comme le laissent entendre ces
mots : « Pendant qu'Éphrem parlait ainsi..... ».
Cette phrase introduit un épilogue fort curieux, dont
le sens n'a pas été compris jusqu'à ce jour.

Une jeune fille du nom de Lamprotaté, fille du
gouverneur d'Édesse[1], est profondément attristée à la
nouvelle de la mort imminente d'Éphrem, la lumière
d'Édesse. Elle accourt, se prosterne aux pieds du
maître et, d'une voix entrecoupée par les sanglots,
lui adresse la prière suivante : Qu'il lui permette de
faire un sarcophage de marbre pour lui et un second
pour elle-même. Elle désire être enterrée à ses pieds
et ne pas le quitter, qu'il aille au ciel ou en enfer.
Éphrem repousse cette demande, car il craint le
scandale ; on pourrait croire que cette jeune fille
était son amante. Il ordonne à Lamprotaté et à ses
compagnes de ne pas se faire porter en litière et de
ne pas atteler les hommes à leur joug. Lamprotaté
s'engage par un serment solennel à ne pas s'asseoir

---

[1] Les ms. donnent plusieurs variantes du nom de ce gouverneur.
La version grecque l'appelle Aristide.

dans une litière portée par des hommes. Éphrem donne alors sa bénédiction à la jeune fille afin que l'autorité ne disparaisse pas de la race de Lamprotaté jusqu'à la fin des siècles.

Lamprotaté, *la très brillante* (λαμπροτάτη), symbolise la Sagesse que saint Éphrem, aux yeux de ses admirateurs, personnifiait; il était désigné par l'épithète d'*Éphrem de la sagesse*, ou *Éphrem le sage parfait* (ܡܠܝܠܐ ܓܡܝܪܐ ܕܐܦܪܝܡ). La Science avec ses compagnes (les diverses branches de la science) disparaîtra d'Édesse en même temps que son illustre maître. Elle ne régnera plus (elle que l'auteur désigne comme étant la fille du gouverneur revêtu de l'autorité), sur la ville qu'Éphrem a rendue si glorieuse. Éphrem ne l'entend pas ainsi : la Science lui survivra, mais elle ne sera pas orgueilleuse et ne recherchera pas les honneurs. Elle conservera le caractère d'humilité qu'Éphrem lui a imprimé. L'autorité qu'elle exerce sur les hommes lui demeurera acquise jusqu'à la fin des siècles.

Cette poésie si originale fait honneur à l'imagination de celui qui l'a composée. L'auteur semble avoir eu une certaine culture grecque, à en juger par les mots λαμπροτάτη et δίφρος (ce dernier dans le sens de *litière*).